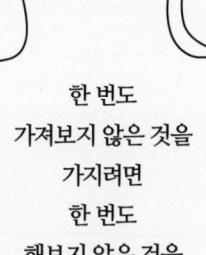

한 번도
가져보지 않은 것을
가지려면
한 번도
해보지 않은 것을
해야 합니다.

When you want something
you've never had,
you have to do something
you've never done.

.... 님께

드리는 마음 한 점.

영어비빔밥 Help Yourself

명언 300g, 문법 한 스푼, 회화 반 술,
인문의 향을 뿌린 나만의 그래픽 영어 보양식

2014년 12월 01일 초판 1쇄 발행
2015년 01월 15일 초판 2쇄 발행

기획·글	흔들의자
디자인	이아름 김연수
발행인	안호헌
아트디렉터	박신규
디자인팀	오기쁨 김연수 이아름
교정·교열	김수현 안상원 안상희
제작총괄	김병수

펴낸곳	도서출판 흔들의자
출판등록	2011. 10. 14(제311-2011-52호)
주소	서울 은평구 불광로 50-12
전화	(02)387-2175
팩스	(02)387-2176
홈페이지	www.rcpkorea.com
이메일	rcpbooks@daum.net
블로그	http://blog.naver.com/rcpbooks
페이스북	www.facebook.com/rcpbooks

ISBN 978-89-968221-7-2 (13700)
ⓒ흔들의자, 2014, Printed in Korea
책값은 뒤표지에 있습니다.

*이 책은 저작권법에 따라 보호받는 저작물이므로 무단 전재 및 무단 복제를 금지합니다.
  따라서 이 책 내용의 전부 또는 일부 내용을 재사용 하시려면 사용하시기 전에 저작권자의 서면 동의를 받아야 합니다.

*파본이나 잘못된 책은 구입하신 곳에서 교환해 드립니다.

이 도서의 국립중앙도서관 출판예정도서목록(CIP)은 서지정보유통지원시스템 홈페이지(http://seoji.nl.go.kr)와
국가자료공동목록시스템(http://www.nl.go.kr/kolisnet)에서 이용하실 수 있습니다.(CIP제어번호: CIP2014029328)

**Dreams come true.
Without that possibility,
nature would not incite us
to have them.**

꿈은 이루어 진다.
이루어질 가능성이 없었다면
애초에 자연이 우리를
꿈꾸게 하지도 않았을 것이다.

영어비빔밥
Help Yourself

명언 300g, 문법 한 스푼, 회화 반 술,
인문의 향을 뿌린 나만의 그래픽 영어 보양식

Life? I guess it depends on you.
인생? 그건 너한테 달려 있는 것 같은데.

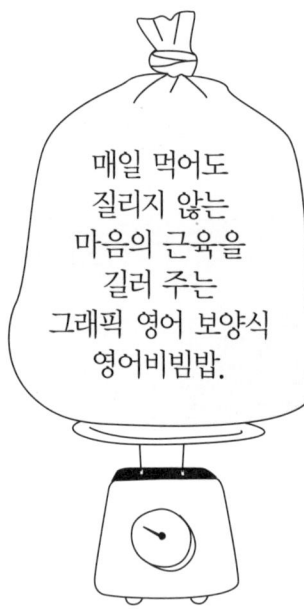

매일 먹어도
질리지 않는
마음의 근육을
길러 주는
그래픽 영어 보양식
영어비빔밥.

갓 지은 고슬고슬한 밥 위에
콩나물, 도라지, 버섯, 채 썬 호박...
오색의 제철 나물을 얹고
계란 프라이 올리고,
맛깔스런 고추장 한 스푼,
참기름 살짝 두른 비빔밥.
오른손으로 비비든 왼손으로 비비든
설렁설렁 비벼서 야무지게 한 입 쏙!

비빔밥을 드실 때,
밥알만 골라 먹는 이상야릇한
취향을 가진 분이 없듯이
비빔밥은 콩나물도 계란도
참기름의 고소한 향도
밥과 함께 한 입에 넣고 오물오물~.
그 다음 한 입도 유한 반복!
그릇이 밑바닥을 보일 때 까지.^^

그런 면에서 보면 영어공부도 마찬가지.
머릿속에 be동사 따로, 전치사 따로, 현재완료 따로...
영어의 품사나 문법은 글이 되기 위한 재료이지
따로 따로 존재하는 것이 아닙니다.

문법은 여러 품사가 섞여 나온 정확한 규칙.
1,500개의 명언 중에 엄격히 솎아낸 300개의 명언이 있고,
그 명언 중에 중요한 문법을 뽑아
잊을 만 하면 나오고 또 나오는 기초영문법이
당신의 영어실력을 높여줍니다.

영어는 반복이 중요하다면서
왜 문법책은 반복이 없을까?
이 책이 세상에 나오게 된 중요한 이유 중 하나입니다.

조금 보고 많이 알고 싶은 사람에게 좋은

 맛있는 인생 브런치.

감추고 싶은 영어실력, 몰래 키워라! 명언이든 문법이든 이 정도만 알아도 충분하다.
"엄마, be동사가 뭐야~?" "얘야, 그건.... 학원선생님한테 여쭈어 보렴."
"아빠, 현재완료가 뭐예요?" "허걱! 그게 뭐였더라."
"어, 이대리, '수고하셨습니다.'가 영어로 뭐지?" "어, 그게... 그게... 글쎄요."
'대략난감'은 이럴 때 쓰라고 생긴 말인가요? 알고 보면 별거 아닌... 아니, 전에 알았던 건데...
영문학 박사가 될 것도 아니고, 영어를 10년이나 배웠는데 생각나는 건 단지 '문법 용어'일 뿐
정작 조동사 하나도 제대로 설명도 못해 주는 영어.
게다가 좋은 명언들은 아주 많지만 명언을 많이 안다고 해서 꼭 성공하는 것도 아닌 법.
이 책은 마음의 근육을 길러주는 명언과 반드시 알아야 할 기초영문법이 친절하게 설명되어 있습니다.
인생, 꿈, 성공, 실패, 희망, 사랑, 행복, 자기계발 등 섹션별 구별뿐만 아니라 잘 알려진 명언까지
엄선된 300개의 명언 중에 당신에게 꼭 맞은 그 정도 명언 없겠습니까?

언제까지 '굿모닝', '땡큐'만 하시겠습니까? 실용회화 20개만 외워도 자신감 완전 UP!!
외국인 친구가 있으면 영어실력을 크게 향상시킬 수 있다는 것은 누구나 다 공감하는 것.
한국에 살면서 외국인 친구를 갖게 되는 일은 생각처럼 쉬운 일이 아닙니다만
그래도 연이 닿아 외국인 친구가 생기면 이런 말들을 하지 않을까요?
'요즘 일이 잘 진행되고 있느냐', '지난 주말에 뭘 했느냐', '오래 기다리게 해서 미안하다.'
'너라면 분명히 할 수 있을 거다.' '추천해 주고 싶은 책이 있느냐'... 등 생활 속 실용회화!
기초회화가 중요하지만 말하는 자신도 쑥스러워지는 Hi, Hello. I'm fine thank you and you.에
머물러 있는 영어라면 조금만 더 수준을 높여 보세요.
잘 외운 영어질문 스무 개만 가지고 있더라도 외국인과 더 친근해지고, 자꾸 말하고 싶어집니다.
길을 가던 외국인이 당신에게 세계정세에 대해 물어 보겠어요 아니면 지구 온난화에 대해
토의하자고 하겠어요. 그저 간단한 질문정도입니다. 외국인 만났다고 움츠려들지 마세요.

'좋아요'를 부르는 명언, 공유되는 영어, 인성을 길러주는 글이 있는 융합의 영어책!
어떤 날은 하루 1,000분도 더 넘게 아침에 올린 명언을 봅니다. 오직 페이스북만으로!
꾸준히 2년을 했더니 나름 고정 팬들도 생기고 한결같은 감사의 댓글도 공유도 많습니다.
재미와 공감, 배움을 드리고자 해오던 것이었고 어느덧 습관처럼 되어 버렸습니다.
명언에 숨어 있던 문법을 찾고, 내용과 관련 있는 실용회화 문장을 만들었습니다.
마음의 근육이 단단해 지는 명언을 기본으로 인성을 길러 주는 글을 지루하지 않게 덧붙이고
마지막으로 모든 페이지를 그래픽 비주얼로 담아내는 멋도 좀 부렸습니다.
서점에 명언집과 문법책도 많긴 하지만, 더러는 명언과 문법을 섞어놓은 책도 있긴 하지만
문법이라고 해야 단어나 숙어 설명 뿐, 명언은 명언만, 문법책은 시험용이 대부분입니다.
명언과 문법, 실용회화, 인성을 길러주는 생각하는 글과 감각적인 비주얼의 절묘한 조화.
보통의 책과 별반 차이가 없다면 왜 이 책이 세상에 나와야 했을까요? 영어비빔밥! 마음껏 드십시오.

CONTENTS

비빔밥 vs. 영어 비빔밥 마음의 근육을 길러주는 그래픽 영어 보양식 • 004
조금 보고 많이 알고 싶은 사람에게 좋은 맛있는 인생 브런치 • 005

인생 Life
인생? 그건 너한테 달려 있는 것 같은데 • 010

명사 Today, day, rest, life • 013 | 명사절 it depends on you • 015 | be동사 am • 017
형용사 long • 019 | 전치사 in • 021 | 조동사 may • 023 | 동명사 riding, moving • 025
과거분사 spent, used • 027 | 부사절 while you're busy making other plans • 029
형용사절 that everyone should try at least once • 031

꿈 Dream
꿈은 이루어진다. 이루어질 가능성이 없었다면
애초에 자연이 우리를 꿈꾸게 하지도 않았을 것이다 • 032

대명사 you, your • 035 | 대명사 Everything, those • 037 | 부정관사 a, an • 039
부사 always • 041 | 조동사 can • 043 | to부정사 To accomplish • 045
전치사 Without • 047 | 동사 미래형 will build • 049 | 현재완료 has spoiled • 051
가정법 If • 053

진리 & 가치 Truth & Value
더 좋은 방법은 언제나 있다 • 054

성공 Success
성공과 실패 사이에는 끈기가 있다 • 060

명사 Success, reward, toil • 063 | 일반동사 pays • 065 | 전치사 Between • 067
전치사 of, in, for • 069 | to부정사 to fail, to succeed • 071 | to부정사 (with too) • 073
동명사 showing • 075 | 수동태 is counted • 077 | 명사절 that your own resolution to
succeed is more important than any one thing • 079 | 형용사절 where success comes
before work • 081

실패 Failure
실패란 넘어지는 것이 아니라 넘어진 자리에 그대로 머무는 것이다 · 082
대명사 our, we · 085 | 전치사구, 전치사 on the way, to · 087 | 접속사 but · 089
조동사 can · 091 | to부정사 to fail, to stay · 093 | to부정사 to begin · 095
동명사 falling · 097 | 수동태 is defined · 099 | 부사절 when he is defeated, when he
quits · 101 | 현재완료 has made, has tried · 103

시도 & 용기 Try & Courage
좋게 만들 수 없다면 적어도 좋아 보이게 만들어라 · 104

희망 Hope
당신은 움츠리기보다 활짝 피어나도록 만들어진 존재입니다 · 110
정관사 the · 113 | 형용사 waking · 115 | 접속사 and · 117 | 접속사 not A but B · 119
비교 greatest · 121 | 부사 extraordinarily · 123 | 조동사 might · 125 | to부정사 to say.
가주어 It · 127 | 부사절 while there is life · 129 | 형용사절 who has never hoped · 131

도전 Challenge
무언가를 열렬히 원한다면 그것을 얻기 위해 전부를 걸만큼의 배짱을 가져라 · 132
명사 dread, moment · 135 | 동사 wait, watch, work, don't give up · 137
부사 usually · 139 | 접속사 so that · 141 | 조동사 have to · 143 | 동명사 taking · 145
to부정사 to stake · 147 | 과거분사 calculated · 149 | 명사절 you can win · 151
명사절 that one of life's greatest risks is never daring to risk · 153

공감 & 시간 Empathy & Time
이 또한 지나가리라 · 154

사랑 Love
널 그리워하는 걸 멈출 수가 없어 · 160
동명사 missing · 163 | 문장의 형식 중 2형식 s + v + c · 165 | 부정관사 a(an) · 167
조동사 can · 169 | 접속사 not A but B · 171 | 명사 enthusiasm, woman's love,
biographer · 173 | 수동태 is composed of · 175 | 부사절 because I need you, because I
love you · 177 | 형용사절 that two can play and both win · 179
형용사절 that it can ever end · 181

CONTENTS

행복 Happiness
행복한 사람은 남을 위해 기도하고, 불행한 사람은 자기만을 위해 기도한다 •182

명사 will, man, happiness •185 | 대명사 one, others, one, himself •187
조동사 can(부정은 can't) can의 과거형 could •189 | 조동사 must, will의 과거 would •191
비교 as happy as •193 | 비교 more ~ than •195 | to부정사 To be •197
to부정사 to consume •199 | 수동태 be convinced, are loved •201
형용사절 which is the basic of health •203

지혜 & 경험 Wisdom & Experience
지혜의 첫 장은 정직이다 •204

교육 Education
가장 난폭한 망아지가 명마가 된다. •210

대명사 your, own •213 | 동사 There is •215 | 비교 wildest, best •217
비교 more than •219 | to부정사 to replace •221 | 동명사 Seeing, suffering, studying, learning •223 | 현재완료 have learned •225 | 현재완료 has had •227
부사절 As the old cock crows •229 | 부사절 before you run •231

자기계발 Self-Improvement
나로 말할 것 같으면 긍정주의자인데
다른 주의자가 돼 봤자 별 쓸모가 없는 것 같기 때문이야. •232

문장의 형식 •235 | 동사 am, does, seem, be •237 | 형용사 great, some •239
전치사 around •241 | 조동사 must •243 | 조동사 have to 현재, 과거, 미래, 부정형 •245
부사절 till you make it •247 | 형용사절 that I have, that I can borrow •249
명사절 What you risk, what you value •251 | 가정법 as if •253

윤리 & 친구 Ethics & Friend
조금만 더 겸손했더라면 나는 완벽했을 것이다 •254

노력 Effort
나무 베는데 한 시간이 주어진다면, 도끼를 가는데 45분을 쓰겠다 •260

형용사 one, ninety-nine •263 | 대명사 its, it, it's •265 | 비교 The strongest •267
종속접속사 while •269 | 조동사 be to •271 | 전치사 without •273 | 동사 require •275
to부정사 To become •277 | 수동태 be accomplished •279 | 가정법 If •281

말 말 말 Word Word Word
오늘 생각하고 내일 말하라 •282

잘 알려진 명언들 Well-known sayings
나는 생각한다. 그러므로 나는 존재한다 •296

문법 한 번에 이어보기
명사 013 · 063 · 135 · 173 · 185 | 관사 039 · 113 · 167
대명사 035 · 037 · 085 · 187 · 213 · 265 | 형용사 019 · 115 · 239 · 263
부사 041 · 123 · 139 | 동사 017 · 049 · 065 · 137 · 215 · 237 · 275
접속사 089 · 117 · 119 · 141 · 171 · 269
전치사 021 · 047 · 067 · 069 · 087 · 241 · 273
조동사 023 · 043 · 091 · 125 · 143 · 169 · 189 · 191 · 243 · 245 · 271
to부정사 045 · 071 · 073 · 093 · 095 · 127 · 147 · 197 · 199 · 221 · 277
동명사 025 · 075 · 097 · 145 · 163 · 223

비교 121 · 193 · 195 · 217 · 219 · 267 | 수동태 077 · 099 · 175 · 201 · 279
완료 051 · 103 · 225 · 227 | 문장의 형식 165 · 235
분사 027 · 149 | 명사절 015 · 079 · 151 · 153 · 251
부사절 029 · 101 · 129 · 177 · 229 · 231 · 247
형용사절(관계대명사) 031 · 081 · 131 · 179 · 181 · 203 · 249

가정법 053 · 253 · 281

영어비빔밥

✚ HELP YOURSELF

CHAPTER 1

도시락에
적당량의 밥을 넣는다.

LIFE

Life?
I guess
it depends on
you.

인생? 그건 너한테 달려 있는 것 같은데.

| 아침이 밝았습니다. 오늘을 대하는 자세. | 🔍 |

업데이트

지금 무슨 생각을 하고 계신가요?

영어비빔밥님이 새로운 사진을 추가하였습니다. ∨
1분전

오늘은 당신의 남은 인생의 첫날이다.
-서양 속담-

TODAY
is the first day of the rest of your
LIFE

좋아요 · 댓글 달기 · 공유하기   …더보기

A : What is today?
B : Today is the first day of the rest of my life.

A : 오늘이 무슨 날이지?
B : 오늘은 나의 남은 인생의 첫날이다.

LIFE

좋아요 · 댓글 달기 · 공유하기

영어비빔밥님이 좋아합니다

댓글달기

공유하기

Checking Grammar 명사 Today, day, rest, life

잠시만요.^^
지금 이 책을 어디에서 읽고 계시는지 모르겠지만
눈을 들어 주변에 있는 것을 한번 보아 주세요.
무엇이 보이시나요?
책, 책상, 컴퓨터, 침대, 신문, TV, 아니면 친구 ….

이처럼 눈에 보이는 것뿐만 아니라
눈으로 보거나 만질 수 없는 추상적인 개념,
예를 들면 꿈이랄지 인생, 사랑, 희망 이런 것들.
우리가 이름 붙여 말할 수 모든 것이 명사(Noun)입니다.

명사는 문장에서 주어, 보어, 목적어로 쓰이지만
지금은 모두 잊어 주십시오.
눈에 보이던 보이지 않던 간에
이름 붙여 부를 수 있는 모든 것-명사입니다.

rest : (명) 나머지

I think therefore I am. Boys Be Ambitius! The word impossible is not in my dictiona Well begun is half done. Early birds catch the worms. Life is but an empty dream. K yourself. The dice is cast. Knowledge is p	er. To be or not to be. That is the question. Hea helps those who help themselves. Patience i	, but its fruit is sweet. Woman is weak, but mo is strong. To go beyond is as wrong as to fall	here there is will, there is a way. Give me libert give me death. United we stand, divided we fall.	ng two birds with one stone. Better is to bow t break. Stay Hungry, Stay Foolish. No pains, No ga	eap what you sow. After the storm comes the calm ourney of a thousand miles begins with a single step.	 shall find; knock, and it shall be opened. Easy come, go. Out of sight, out of mind. Doni ̄t cry over spilt milk	All is well that ends well. A rolling stone gathers no mos bird in the hand is worth two in the bush. Onei ̄s utmost	oves the heavens. Never leave that till tomorrow which you do today. Think today and speak tomorrow. A word in ear	 is as good as a speech. Silence is more musical than any song. I h often regretted my speech, never my silence. It matters not how	 long we live, but how. Great minds have purpose, others h wishes. Concentration comes out of a combination of confidenc	e and hunger. Never bend your head. Hold it high. Look the w straight in the eye. You doni ̄t have to die in order to make a livin	. Never spend your money before you have it.

어느 누군가 당신께
'인생이 무엇입니까?'라고
묻는다면
그땐 이렇게
대답해
주세요.

LIFE?
I guess it depends on you.

인생? 그건 너한테 달려 있는 것 같은데.

A : What's life?
B : Life? I guess it depends on you.
A : 인생이란 무엇일까요?
B : 인생? 그건 너한테 달려 있는 것 같은데.

Checking Grammar 명사절 it depends on you

"뭐야? 벌써 명사절이야!" 할 수도 있겠지만
놀라거나 책을 놓지 마세요.
문장 속에서 명사와 명사절은 쓰는 위치가 같습니다.

명사절을 설명하기에 앞서 먼저 '구와 절'이
무엇인지 알고 가는 것이 순서겠죠.
우선 구와 절의 공통점은 2개 이상의 단어로
이루어진 것 까지는 같지만,
구와 절의 분명한 차이는 구에는 주어, 동사가 없고,
절에는 주어와 동사가 있다는 것입니다.

I know her address. 라는 문장과
I know where she lives. 라는 문장을 예로 들면,
두 문장 모두 I know 까지는 같지만,
하나는 her address(구),
다른 하나는 where she lives(절)가 붙어
'그녀가 어디 사는 지'를 서로 다른 방법으로
표현하고 있습니다.
(주소를 알든, 위치를 알든 아는 것은 다 같다는 얘기 임.)

명사(또는 대명사)뿐만 아니라 명사구, 명사절이
동사의 목적어로 쓰인다는 얘기입니다.

참고로, 목적어 자리에 간단한 명사나 대명사 대신
문장(절)을 넣은 것을 '명사절의 목적격 용법' 이라
하는 겁니다.

guess : (동) [+(that)] 추측하다. 어림짐작하다.
depend on / upon : 〈(보통) 남을〉 믿다, …에 의존하다.

하루 한 번씩 다짐하세요.

I am the **master** of my fate, I am the **captain** of my soul.

나는 내 인생의 지배자,
내 영혼의 선장이다.
-윌리엄 어니스트 헨리-

A : Do you remember what I told you last time?
B : Yes, risk comes from not knowing what you're doing.

A : 기억나니. 지난 번에 내가 네게 했던 말?
B : 예. 위험은 자신이 무엇을 하는 지 모르는 데서 온다는 거.

Checking Grammar be동사 am

영어에서 동사는 크게 2종류가 있습니다.
보다 see, 말하다 talk, 먹다 eat, 자다 sleep,
일하다 work, 웃다 laugh, 울다 cry, 자라다 grow,
살다 live, 운전하다 drive … 처럼
세상 모든 존재(명사)의 움직임을 나타내는 '일반동사'와
상대를 나디내는 'be동사'가 있습니다.

be동사는 모두 6개로
am, are, is, was, were 그리고 그 자체인 be가 있으며
이것들의 해석은 주로 '~이다,' 와 '~에 있다.' 뜻입니다.

또한 be동사는
주어가 I 이면 동사 am을 써야 하고 (과거형은 was),
주어로 You, We, They가 오면 뒤에 are를 (과거형은 were),
주어가 He, She, It이면 (보통 이것들을 3인칭 단수라 칭함)
be동사인 is를 써야(과거형은 was) 하는 것이 영문법입니다.

Tim is my brother.
팀은 내 동생이다. (현재 is)

Susan was in my class last year.
수잔은 작년에 나의 반 학생이었다. (과거 was)

We are eating dinner right now.
우리는 지금 저녁을 먹고 있다. (현재 진행형 are + ~ing)

My friends were watching TV while I was cooking lunch.
내가 점심을 요리하고 있는 동안 친구들은 TV를 보고 있었다. (과거 진행형 were + ~ing)

be동사는 짧게 줄여 쓰기도 합니다.
(축약형 : I am → I'm, You are → You're, He is → He's,
She is → She's, It is → It's, We are → We're, They are → They're)

master : (명) 주인 / fate : (명) 운명 / soul : (명) 영혼

017

죽을 때까지
잊어버리지 말아야 할 것.
겸. 손. 하. 기.

Life is a long lesson in humility.

인생은 겸손을 배우는 긴 수업이다. -제임스 배리-

A : Do you have any regrets?
B : Yes, I do. If I had a little more humility, I would have been perfect.

A : 후회한 적 있으십니까?
B : 예, 그렇지요. 조금만 더 겸손했더라면 저는 완벽했을 것입니다.

Checking Grammar 형용사 long

아름다운, 깨끗한, 더러운, 긴, 짧은, 뜨거운, 차가운,
행복한, 불행한, 파란, 붉은, 노란, 밝은, 어두운, 정직한 …

퀴즈 : 위에 적은 우리 말 들의 공통점은 무엇일까요?
정답 : 니은(ㄴ)으로 끝난다.
*우리말의 형용사는 보통 '니은'으로 끝납니다.

위에 나온 낱말을 영어로 하면
beautiful, clean, dirty, long, short, hot, cold,
happy, unhappy, blue, red, yellow, bright, dark, honest …처럼

형용사는
명사나 대명사의 상태를 묘사하거나
명사나 대명사에 대한 정보를 줍니다.

위에 나온 형용사 뒤에 알고 있는
단어(명사)를 붙여 보세요.
girl이라든가 room, shoes, bridge … 등 아무거나 좋습니다.
상황이나 의미에 맞는 것으로.

beautiful girl, clean room, dirty shoes, long bridge …
아름다운 소녀, 깨끗한 방, 더러운 신발, 긴 다리…

형용사는 명사 앞에 자리합니다.
*어순은 관사(a, an) + 형용사 + 명사

lesson : (명) 학과, 수업
humility : (명) 겸손

직장인의 점심시간.
'오늘은 또 뭘 먹나? 하는 배부른 고민이 들곤 하지요.
어머님이 싸 주신 도시락이 그립습니다.
우선 선택할 필요가 없거든요.

The difficulty in life is the CHOICE

인생에 있어서 어려운 것은 선택이다.
—조지 무어—

A : What should we choose for our lunch menu?
B : Anything, please.
A : 점심메뉴로 무엇을 고를까요?
B : 아무거나 주세요.

Checking Grammar 전치사 in

우리말에 없는 것이지만 영어에는 '전치사'라는 품사가 있습니다. 하지만 전치사라는 말은 문법용어일 뿐 하루에도 알게 모르게 수십 번씩 쓰고 있는 말입니다. 우리말로는 ~로, ~에, ~으로, ~부터, ~까지, ~위에, ~아래, ~옆에, 뒤에 … 같은 것이니까요.

〈 많이 쓰는 전치사 in 〉

1) … (안)에[에서], … 속에
They arrived in Seoul.
그들은 서울에 도착했다.
She jumped into the swimming pool.
그녀는 수영장에 뛰어 들었다. (into : … 에, … 으로)

2) … 동안[사이]에 / … 후에, 내에
in March.
3월에
in 2020.
2020년에
in the summer.
여름에
It's three o'clock. The bank will close in an hour.
3시야. 은행이 한 시간 후에 문을 닫아.

3) … 을 입고
The man in blue shirt is my boyfriend.
파란색 셔츠를 입은 사람이 내 남자 친구야.

등 전치사 in은 다양하게 쓰이며, 시간이나 장소를 나타낼 때도 전치사가 쓰이는데 at은 좁은 장소, in은 넓은 장소에 사용합니다.

전치사는 다른 단어를 연결시켜 주기 위해 명사나 대명사 앞에 쓰고, 전치사 뒤에 있는 명사나 대명사를 '전치사의 목적어'라고 합니다. 이런 문법용어들이 우리를 좀 더 영어와 친하지 못하게 했던 벽이었을 수도 있겠네요. 그렇지 않은 가요?

difficulty : (명) 곤란, 어려움
choice : (명) 선택

벤자민 프랭클린이 남긴 명언 중에
이런 것도 있습니다.
"돈을 빌리러 가는 것은 자유를 팔러 가는 것이다."

A long life may not be good enough, **but a good life** is **long enough**.

긴 인생은 충분히 좋지 않을 수도 있다.
그러나 좋은 인생은 충분히 길다.
-벤자민 프랭클린-

A : May I borrow some money?
B : I'm sorry. I don't have enough money at the moment.
A : 돈 좀 빌려 주시겠어요?
B : 미안해요. 현재 가지고 있는 돈이 없네요.

Checking Grammar 조동사 may

모든 문법책이나 영어 수업시간에 빠짐없이 나오는 조동사 설명에 대한 한결같은 말씀-.

"조동사는 동사를 도와준다."
"조동사 뒤에는 반드시 동사원형이 온다."
"주어가 3인칭 단수라도 조동사 뒤에 오는 동사에는 -s나 -es를 붙이지 않는다."
라고 쓰여 있습니다.

이 말을 가장 적절하게 풀이하면
"조동사는 동사가 가진 '번거로운 수고'를 덜어 준다."는 뜻입니다.

좀 더 쉽게 말하면 조동사를 쓰면,
조동사 뒤에는 인칭에 관계없이 항상 '동사 원형'만을 쓰고,
시제 또한 조동사만 과거로 바꿔 주면 (can을 could로, have to를 had to로...)
뒤에 오는 동사는 과거로 쓸 필요없이 동사의 원형 그대로 쓰면 되는 것입니다.
조동사가 꽤 편리한 문법이구나.. 라는 생각이 들지는 않으신가요?

대표적인 조동사로는
can, may, must, will, shall, have to가 있고,
may는 '~해도 좋다'는 뜻과
May I come in? 들어가도 되나요? (허가)
'~일지도 모른다' She may arrive at 3 o'clock. 그녀가 3시에 도착할 지도 몰라. (추측)의
의미로 쓰입니다.

may : (조동사) [+동사의 원형] 《추측, 가능성을 나타내어》 …이겠지, …일지도 모른다. 부정어 : may not
enough : (부) 필요할 정도로, 충분히 (형용사+enough)

한 번 배우고 나면
죽는 날까지
절대 잊어버리지 않는 것.
자전거 타기.

is like riding a bicycle.
To keep your balance
you must keep moving.

인생은 자전거를 타는 것과 같다.
균형을 잡으려면 움직여야 한다.
-알버트 아인슈타인-

A : What was it like learning how to cycle?
B : I remember it as one of the most amazing moments of my life.

A : 자전거 타는 거 배울 때 (느낌이) 어땠어요?
B : 제 인생에 있어서 가장 놀라운 순간 중 하나로 기억해요.

Checking Grammar 동명사 riding, moving

동명사?
동명사는 동사원형에 ing를 붙인 것으로
명사역할을 합니다. (동사 + ing = 동명사)

동사에서 온 동명사는 명사처럼 쓰이기에
주어, 목적어, 전치사의 목적어 자리에 쓸 수 있습니다.
'명사자리'에 동명사가 올 수 있다는 뜻입니다.
해석은 '~는 것'이 일반적입니다.

talk → talking, dance → dancing, see → seeing, cry → crying,
understand → understanding, know → knowing …
말하다 → 말하는 것, 춤추다 → 춤추는 것, 보다 → 보는 것, 울다 → 우는 것,
이해하다 → 이해하는 것, 알다 → 아는 것 …처럼
동사의 수만큼 동명사가 많이 있습니다.

전치사의 목적어로 쓰인(전치사 뒤에 동명사) 예를 보면,
They are excited about buying a new TV.
그들은 새 TV를 사는 것에 대해 흥분했다. (buying)
He apologized for breaking a promise.
그는 약속을 어긴 것에 대해서 사과했다. (breaking)

아마 다 아실 거예요. 동명사가 주어로 쓰인 이 문장.
"Knowing is power." 아는 것이 힘이다.
*이 문장에서 Knowing은 To know(to부정사)로 바꾸어 쓸 수 있고,
to부정사를 문장 맨 앞에 쓸 경우는 강조의 의미입니다.

꼭 기억하세요.
동명사는 명사자리에 쓸 수 있다는 거.

ride : (동) (말, 자전거, 오토바이를) 타고가다.
keep : (동) [+ v-ing] 머무르다, 계속[유지]하다.
must : (조동사) [+동사의 원형] 《필요· 의무· 강제 등을 나타내는 데 쓰여》 …해야 한다.
move : (동) (한 장소나 위치에서 다른 장소나 위치로) 바꾸다. 움직이다. 이동하다.

〈화엄경〉의 핵심사상을 이르는 말
'일체유심조'(一切唯心造) ; 세상사 모든 일은 마음 먹기 달렸다.

As a well spent day brings happy sleep, so life well used brings happy death.

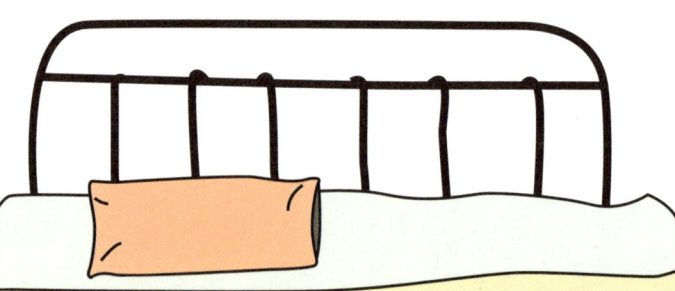

충실하게 보낸 하루가 행복한 잠을 가져다 주듯이
충실하게 보낸 인생은 행복한 죽음을 가져다 준다.
-서양 속담-

A : I like this saying, "Most of us are just as happy as we make up our minds to be."
B : I agree. But the problem is, it isn't easy to think like that.

A : 저는 이 말이 맘에 드는 데요. "사람은 행복하기로 마음먹은 만큼 행복하다."
B : 나도 그래. 그렇게 마음 먹기가 쉽지 않은 게 문제야.

Checking Grammar 과거분사 spent, used

벌써 과거분사(p.p)라니... 너무 진도가 빠르네요. 아닙니다.
'과거분사'라는 문법용어가 낯설고, 쉽게 적응 안되고 어렵게 다가 오는 것 뿐입니다.
과거분사는 영어사전 뒷부분에 부록으로 나오는 동사표 변화표에 있는 것입니다.
일반적으로 동사변화표는 '원형 – 과거형 – 과거분사형' 순으로 되어 있습니다.
(work-worked-worked, want-wanted-wanted, bear-bore-born, break-broke-broken,
cut-cut-cut, choose-chose-chosen, feel-felt-felt, go-went-gone, sing-sang-sung....)

분사는 현재분사와 과거분사가 있습니다. 이 둘은 모두 동사에서 나온 것으로 동사의 성격을
그대로 간직하고 있는 〈형용사〉입니다. 현재분사는 '동사 + ing'로 동명사와 모양이 똑 같고,
과거분사는 '동사 + ed'로 동사의 과거형과 모양이 같은 것이 많지만 과거분사든 현재분사든
분사는 모두 형용사 처럼 쓰입니다. 형용사는 명사 앞에 오지만 현재분사, 과거분사는 명사 앞에도,
명사 뒤에도 올 수 있으며 형용사처럼 모두 명사를 꾸며 주는 역할입니다.

〈과거분사〉
동사의 원형에 보통 –ed, –d가 붙어 있지만(과거형이랑 과거분사형이랑 같은 것이 많아 '동사의 과거형'으로
혼동하기 쉽습니다.) –ed, –d가 붙어 있지 않은 것도 많습니다. (built, eaten, spoken...)
과거분사는 be 동사와 만나 수동태(be + p.p)를 만들며, have 동사와 만나면 완료형(have + p.p)이
됩니다. 뜻은 '~되여 진'의 수동의 의미를 갖습니다.
1) 과거분사 + 명사 : She gave me a broken glass. 그녀는 내게 깨진 잔을 주었다. (broken이 과거분사)
2) 명사 + 과거분사 : This is a glass broken by my sister. 이것이 내 여동생에 의해 깨진 잔이다.

〈현재분사〉
동사의 원형에 ing가 붙어 (sleeping, sitting, waiting, running...)
동명사의 모양(동사 + ing)이랑 똑같기 때문에 헛갈리기 쉽습니다.
'~하는 것'이면 동명사 이고(명사 역할), '~하고 있는'의 뜻이면 현재분사(형용사 역할)이며,
현재분사는 be 동사와 만나 진행형(be + ing)을 만듭니다.

well : (부) 좋게, 잘 / **spend** : (동) (시간을) 보내다. / **use** : (동) 쓰다, 사용(이용)하다. / **death** : (명)죽음, 사망

새해가 밝을 때 마다
누구나 다짐하는 말.
올해는 작심삼일(作心三日)
되는 일 없게 하소서.

**Life is
what happens
to you
while you're busy
making
other plans.**

인생이란 네가 다른 계획을
세우느라 바쁠 때
너에게 일어나는 것이다.
-존 레논-

A : Did Confucious say anything about 'plans'?
B : The plan for a lifetime is made during your childhood,
the plan for a year is made in spring,
and the plan for a day is made early in the morning.

A : 공자 님 말씀 중에 '계획'에 관한 것이 무엇이 있습니까?
B : 일생의 계획은 어린 시절에 있고, 1년의 계획은 봄에 있으며, 하루의 계획은 새벽에 있다.

Checking Grammar 부사절 while you're busy making other plans

오~호!! 부사에 대한 설명도 없이 벌써 부사절인가?
부사에 관한 설명은 다음 챕터(꿈)에 나오지만 먼저 간략하게 설명 드리면
부사는 동사, 형용사 또는 다른 부사, 그리고 문장 전체를 꾸며 주는 품사이며,
부사절은 절(문장)의 형태로 부사역할을 하는 것입니다.
부사는 더해 준 것이기에 빼도 말과 글이 됩니다.

문장은 다른 말로 '절'입니다.
절은 2단어 이상으로 주어와 동사가 있는 것이고 (I study. She runs …),
구는 2단어 이상이지만 주어와 동사가 없습니다. (last night, on the table, reserved seat …)

절의 형태로 부사의 역할을 하는 부사절은 시간, 원인과 결과, 대조, 조건의 부사절이 있습니다.
부사절을 알리는 접속사로는 when, after, since, because, while, if 등이 있으며
부사절의 형태는 '접속사 + 주어 + 동사'입니다.

I woke up when my phone rang.
전화가 울렸을 때 나는 일어났다. (부사절 when my phone rang.)

My mom turned off the light before the movie started.
영화가 시작되기 전에 엄마는 불을 껐다. (부사절 before the movie started.)

이 처럼 부사절은 해석했을 때,
"의미전달상 불완전한 문장"(보통 '종속절' 이라는 것)이기 때문에
반드시 주절과 꼭 같이 써야 의미가 완전하게 전달되는 것입니다.

happen : (동) 일어나다, 발생하다.
while : (접속사) …하는 동안. 시간의 부사절에 쓰이는 접속사

당신이 청춘들에게
'단 한 마디의 충고'를 해 준다면 무엇입니까? 하는 조사에서
가장 많은 사람들이 선정한 일곱 단어 입니다.
살아라, 사랑하라, 배워라, 생각하라, 주어라, 웃어라 그리고 시도하라!

Life is something that everyone should try at least once.

인생이란 누구나 한 번쯤 시도해 볼 만한 것이다.
-헨리 J 틸만-

A : Do you know the seven words to live by?
B : Of course. Live, love, learn, think, give, laugh and try.

A : 인생을 이끌어 줄 일곱 단어를 알고 계십니까?
B : 물론이죠. 살아라, 사랑하라, 배워라, 생각하라, 주어라, 웃어라 그리고 시도하라.

Checking Grammar 형용사절 that everyone should try at least once

원~ 세상에나....! 이젠 또 형용사절야~!!
"이 책 좀 심해도 너무 심한 거 아냐!!" 하시는 분도 계시겠지요.
이닙니다. 절대 그렇지 않습니다.
이 책은 문법에 대한 개념(문법용어 포함)과 이해를 돕기 위한 책으로
영어공부를 하면서 누구나 한 번 쯤은 들어 봤거나,
다시 또 듣게 될 기본적인 문법용어를 자주 반복 해서 알려드리는 겁니다.
변명같지만 딱히 문법용어를 대신 할 만한 '특별한 말'도 없고
그런 연유로 학교에서 학생을 가르치는 선생님들의 고충은 또 얼마나 크겠습니까?

말이 좀 딴데로 샌 감이 있지만, 영어에서 형용사는 명사 앞에서 명사를 꾸며 주는 역할로
명사의 상태를 묘사하거나 명사에 대한 정보를 준다고 했습니다.
beautiful girl 아름다운 소녀,
small cats 작은 고양이들,
white roofed house 흰 지붕 집... 처럼 말이죠.

그렇다면 형용사절은 무엇일까요. 결론부터 말씀드리면,
형용사절은 '명사 뒤에서 절의 형태로 명사를 꾸며 주는 것'입니다.
절이란 2개 이상의 단어가 있는 문장으로 반드시 그 안에는 주어와 동사가 있는 것입니다.
beautiful girl who lives next door. 옆 집에 사는 예쁜 소녀.
small cats that live in the park. 공원에 사는 작은 고양이들.
white roofed house which is on the hill. 언덕에 있는 흰 색 지붕

이처럼 명사 girl, cats, house 뒤에 오는 문장들을 〈형용사절〉이라 하고
그 형용사절을 이끄는 who, that, which, when 등을 '관계대명사'라고 합니다.

한 번 더 말씀 드리면 문장에서 명사를 수식하는 형용사절은
접속사와 대명사의 역할을 하는 관계대명사가 이끄는 절이며,
형용사절 앞에는 명사(선행사)가 있습니다.

should : (조동사) [+동사원형]《충고를 나타내》 …해야 한다.
at least : 적어도, 최소한 / once : (부) 단 한번, 1회

영어비빔밥

➕ HELP YOURSELF

CHAPTER 2

비주얼도 그럴싸하게 볶은김치를 적당한 위치에 배치시킨다. 자리는 내맘대로~~.

D
R

Dreams
come true.
Without that
possibility,
nature would not
incite us
to have them.

EAM

꿈은 이루어진다.
이루어질 가능성이 없었다면
애초에 자연이
우리를 꿈꾸게 하지도 않았을 것이다.

후회는 아무리 빨라도 늦고
시작은 아무리 늦어도 빠른 것.
'늦게 시작하는 것'을 두려워말고
'하다 중단하는 것'을 두려워하는 오늘 됩시다!

A : Am I shaking in fear?
B : It'll only be momentary. Hang in there!
A : 나 지금 떨고 있니?
B : 두려움은 한 순간일 뿐이야. 조금만 더 버텨!

Never regret yesterday. Life is in you today, and you make your tomorrow.

절대 어제를 후회하지 마라.
인생은 오늘의 나 안에 있고,
내일은 스스로 만드는 것이다.
-론 허바드-

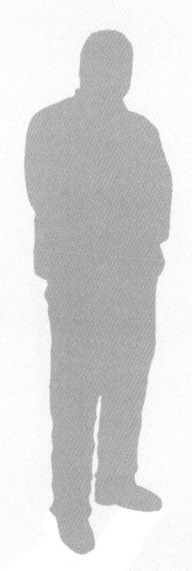

Checking Grammar 대명사 you, your

대명사는 한마디로 명사(명사구 포함)대신 쓰는 품사로
문장 안에서 명사처럼 주어, 목적어, 보어의 역할을 합니다.

대명사는 크게 사람과 사물을 가리키는
인칭대명사 (I, we, you, he, she, it, they …)

이것, 저것, 이것들, 저것들처럼 무언가를 지시하며 가리키는
지시대명사 (this, that, these, those)

따로 정해지지 않은 것을 가리키는
부정대명사 (one, some, any, every, all, other …)

'~자신'의 뜻으로 쓰이는
재귀대명사 (myself, yourself, himself, itself …)가 있습니다.

인칭대명사의 종류는 1인칭 I, 2인칭 You가 있고,
나(I)와 너(You)를 제외한 '사람과 사물' 모두를 3인칭이라 합니다.

〈 인칭에 따른 대명사의 변화 〉 (주격 – 소유격 – 목적격 – 소유대명사 – 재귀대명사 순)

I – my – me – mine – myself 나, 나의, 나를(에게), 내 것, 내 자신
You – your – you – yours – yourself 너, 너의, 너를(에게), 네 것, 네 자신
He – his– him – his – himself 그, 그의, 그를(에게), 그의 것, 그 자신
She – her – her – hers – herself 그녀, 그녀의, 그녀를(에게), 그녀의 것, 그녀 자신
It – its – it – 없음 – itself 그것, 그것의, 그것을(에게), 그 자신 (it은 소유대명사가 없습니다.)
We – our – us – ours – ourselves 우리, 우리의, 우리를(에게), 우리 것, 우리 자신
They – their – them – theirs – themselves 그들, 그들의, 그들을(에게), 그들의 것, 그들 자신

2인칭 you는 '주격도 목적격도 you'이고, 소유격은 your입니다.
(위에 '인칭에 따른 대명사의 변화'는 무조건 외우는 수밖에 방법이 없습니다.)

never : (부) 전혀 …않다. 결코(하지) 않다.
regret : (동) 후회하다.

때가 왔을 때,
그것을 맞이할 준비는
되었나요?

Everything comes to those who wait.
기다리는 사람에게 반드시 때는 온다.
-서양 속담-

A : The time is now!
B : You can do it. Good luck!

A : 지금이 바로 그때다!
B : 넌 해낼 수 있을 거야. 행운을 빌어!

Checking Grammar 대명사 Everything, those

명사 또는 명사구 대신에 쓰이는 말-대명사!

대명사는 문장 안에서 명사와 마찬가지로
주어, 목적어, 보어의 역할을 합니다.

부정대명사 (정해지지 않은 [부정(不_아니 불 定_정할 정)]의 뜻) 중의 하나인
every는 '(둘 이상의)모두'의 뜻을 지녔지만
'각각의' 의미로 단수 취급 합니다. 예를 들면,

every teacher, every word, everyday처럼
every 뒤에 단수명사들이 왔고,
명언에서처럼 Everything(개개의 것, 모든 것) 뒤에도
단수형태인 comes가 온 이유입니다.

Everything is ready for the vacation.
휴가를 위한 모든 것이 준비됐다.

Everything is under control.
모든 것이 잘 되고 있다.

everything : (대명사) 모든 것
those : (대명사) that의 복수형. the people의 뜻
must : (조동사) [+ 동사원형] 《필요· 의무· 강제 등을 나타냄》 …해야 한다.

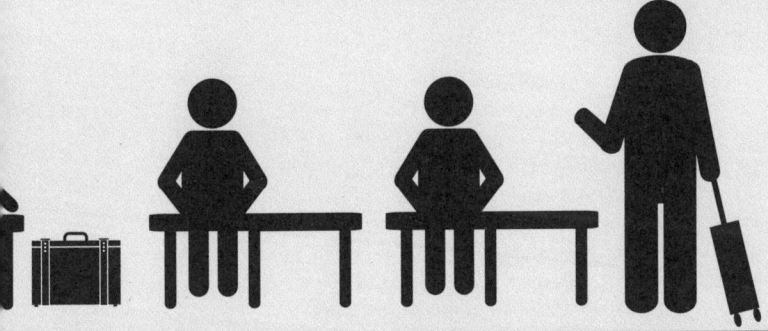

당신에게 꿈마저 없어지면
주변 사람들이 어떻게 나올지
생각해 보십시오.

A goal without a plan is just a wish.

계획 없는 목표는 한낱 꿈에 불과하다.

−생 텍쥐페리−

A : What's your favorite saying from Saint-Exu-pé's 'Little Prince'?
B : For me, it would have to be,
"The most difficult thing in the world is to gain someone's heart."

A : 쌩 텍쥐페리가 쓴 '어린왕자'에서 가장 맘에 드는 구절이 무엇입니까?
B : 제게는 "세상에서 가장 어려운 일은 사람이 사람의 마음을 얻는 일이란다." 입니다.
(실제 어린왕자 원본에는 이런 구절이 어디에도 없는 글이랍니다. 아셨나요?)

Checking Grammar 부정관사 A (An)

명사 앞에 꼭 붙이게 되어 있는 관사.
관사로는 '부정관사 a(an)', '정관사 the' 2종류만 있습니다.

부정관사 a(an)은 우리 관념 속 '부정'이란 말이
'…이 아니다.'라는 부정의 뜻으로 먼저 받아들여지지만
영어에서 부정관사나 부정대명사, to부정사에 있는 부정은 모두
'정해지지 않은 [부정(不定_아니 부주, 정할 정定)]'의 뜻입니다.

〈 부정관사 a(an)의 쓰임 〉
1) 일반적인 것, 가리키는 게 뚜렷하지 않은, 셀 수 있는 단수 명사 앞에 씁니다.

A car has four wheels.
자동차는 바퀴가 4개이다.

An apple is red.
사과는 빨갛다.

2) 명확한 구분이 없는 한 개(사람)의 뜻으로 셀 수 있는 단수 명사 앞에 씁니다.

Tom bought a hat.
톰은 모자 하나를 샀다.

I caught a butterfly yesterday.
나는 어제 나비 한 마리를 잡았다.

*apple앞에 a가 아닌 an이 온 이유는 a는 자음으로 시작하는 말 앞에,
an은 모음(a, i, u, e, o)으로 시작하는 명사 앞에 오기 때문입니다.
하지만 an hour, an honest girl처럼 관사 뒤에 오는 명사가
자음[h]으로 시작함에도 불구하고 an이 쓰인 이유는 발음이 모음[a]으로 나기 때문입니다.

goal : (명) 목적, 목표
without : (전) …없이[는]
just : (부) 단지, …뿐
wish : (명) 소원, 소망

"왜 산에 오르려 하는가?" 라는 질문에
"그곳에 산이 있기 때문이다. Because it is there."라고
불후의 명언을 남긴 사람이 있습니다.
그는 1924년 에베레스트 최초 등정을 앞두고
정상 600M 아래에서 실종된 '조지 말로리'라는 등산가입니다.

There is always room at the top.

정상에는 언제나 빈자리가 있는 법이다.
-대니얼 웹스터-

A : What did you do last weekend?
B : I went to an amusement park with my family.
A : 지난 주말에 무엇을 하셨습니까?
B : 가족과 함께 놀이동산에 다녀왔습니다.

Checking Grammar 부사 always

부사는 문장 안에서 동사나 형용사 또는 다른 부사,
문장 전체를 꾸며 주는 역할을 하는 것입니다.

〈 부사가 하는 일 〉

1) 동사를 꾸미거나
We study hard to learn English.
우리는 영어를 배우기 위해 열심히 공부합니다. (hard)

2) 형용사를 꾸미거나
We are very happy.
우리는 매우 행복하다. (very)

3) 같은 부사를 꾸미거나
Thank you so much.
정말 감사합니다. (so)

4) 문장 전체를 꾸미기도 합니다.
Happily, we did it on time.
행복하게도, 우리는 그것을 정시에 끝냈다. (Happily)

부사 중에는 횟수나 정도를 나타내는 '빈도부사' 라는 것이 있습니다.
always 항상, sometimes 가끔, usually 보통은, often 자주, seldom 드물게, never 결코 ~않다 …
빈도부사의 위치는 일반 동사 앞, be동사 뒤로
쓰는 자리가 본래부터 정해져 있으며,
일반동사란 be동사(am, are, is, was, were, be)를 제외한 모든 동사를 말합니다.

〈 빈도부사의 위치 〉

1) 일반동사 앞
I usually drink coffee after lunch.
나는 보통 점심 식사 후에 커피를 마신다. (일반 동사 drink 앞)

2) be동사 뒤
He is always kind to everyone.
그는 항상 모든 사람에게 친절하다. (be동사 is 뒤)

always : (부) 언제나, 항상 be동사 뒤에 온다.
room : (명) 방, 공간, (빈) 자리

10년 전에 꿈꾸었던 삶을 살고 계십니까?
10년 후는 어떨지도 함께 생각해 보십시오.

The biggest adventure you can ever take is to live the life of your DREAM.

당신이 할 수 있는 가장 큰 모험은
당신이 꿈꾸는 삶을 사는 것이다.
-오프라 윈프리-

A : Can you recommend an adventure movie?
B : Who's it for?
A : 모험 영화 좀 추천해 주시겠어요?
B : 누가 볼 건데요?

Checking Grammar 조동사 can

조동사助動詞는 영어로 Auxiliary Verb지만
요즘엔 조동사를 Helping Verb '도와주는 동사'라 한답니다.

조동사는 can, may, must, have to, should … 등이 있으며
be동사든 일반동사든 조동사와 함께 쓰게 되면
인칭변화에 따른 -s, -es를 동사 뒤에 붙이지 않고
동사원형만 쓰면 되는 편리한 품사입니다. (조동사 + 동사원형)

〈 조동사 can 〉
1) ~할 수 있다. (능력을 나타낼 때)
Sally can print without my help.
샐리는 내 도움 없이도 프린트 할 수 있다.
2) ~해도 좋다. (허가를 나타낼 때)
You can have some cookies after lunch.
너는 점심 후에 쿠키를 먹어도 괜찮아.
Can I borrow your notebook?
네 공책을 빌려도 되니?

대표적인 조동사 can은 현재와 미래의 가능성이나 능력을 나타내며,
can의 과거형은 could, 미래는 will과 함께 쓰여 will be able to가 됩니다.
(조동사와 조동사는 나란히 쓰지 않기 때문에 can과 같은 뜻의 be able to를 씁니다.)
부사를 넣을 경우에는 'can + 부사 + 동사원형'의 순서로 쓰면 됩니다.
명언을 한번 슬쩍 보시지요.^^

adventure : (명) 모험
can : (조동사) [+동사원형] 《현재·미래의 능력이나 가능성을 나타낼 때》
　　　　…할 수 있다. …할 줄 알다. …해도 좋다.

위대한 성취를 위해
'꿈과 행동의 차이'를
아는 분이라면
이 페이지는 읽지 마십시오.

To
accomplish
great things,
we must
dream
as well as act.

위대한 성취를 하려면 행동하는 것 뿐만이 아니라
꿈꾸는 것도 반드시 필요하다.
-아나톨 프랑스-

A : I had a really good dream last night.
B : Oh, really? Why don't you go and buy a lottery ticket?
A : 어젯밤, 아주 좋은 꿈은 꾸었어요.
B : 오~ 정말? 복권이라도 한 번 사보지 그래?

Checking Grammar to부정사 To accomplish

영어공부를 하면서 많이 듣는 문법 중 하나가
아마 'to부정사'일 것입니다.

동사는 목적어로 명사 또는 대명사를 갖는데,
어떤 동사들은 'to 부정사'도 목적어로 갖습니다.

I've decided to buy a new dress.
나는 새 드레스를 사기로 결심했다.
She forgot to bring her homework to class yesterday.
어제 그녀는 수업에 숙제를 가져오는 것을 잊었다.

to부정사의 형태는 'to + 동사원형'으로 동사 수만큼 많습니다.
명사역할을 하는 to부정사는 보통 '~는 것'으로 해석되며,
문장에서 동사의 목적어, 주어, 그리고 보어의 역할을 합니다.
(to부정사의 명사적 용법 이라함)

이 외에도 to부정사는 형용사 또는 부사처럼 쓰입니다.
(to부정사의 형용사적, 부사적 용법 이라함)

명언에 있는 To accomplish는 부사처럼 쓰인 경우인데,
목적의 의미인 '~하기 위하여' 라고 해석하면 됩니다.

to부정사가 문장 속에서 어떤 역할을 하는지 알려면
해석하는 수밖에 없으며 부정은 'not + to부정사'입니다.

must : (조동사) [+동사원형] 《필요·의무·강제 등을 나타내어》 … 해야 한다.
as well as : …뿐만 아니라, …에 더하여

'자연을 보호를 해야 할 이유'가
또 있었네요.
아래 명언을 보면...

Dreams come true.
Without that possibility,
nature
would not incite us to have them.

꿈은 이루어진다.
이루어질 가능성이 없었다면
애초에 자연이 우리를
꿈꾸게 하지도 않았을 것이다.
-존 업다이크-

A : Who did you watch the 2002 Korea-Japan World Cup with?
B : I watched it eating ChiMac with my family.
A : 지난 2002년 한일 월드컵을 누구랑 보셨습니까?
B : 저는 가족과 함께 치맥을 먹으면서 보았지요.

Checking Grammar 전치사 Without

명사나 대명사 앞에 오는 전치사는
한 단어로 된 전치사도 있지만 (in, at, up, to, with…)
두 단어 이상으로 된 전치사도 (out of, next to, because of…) 있습니다.

전치사 뒤의 명사, 대명사, 동명사를 '전치사의 목적어'라 하며
문장에서 전치사 구는 형용사나 부사 같은 역할을 합니다.
(전치사구 : 전치사 + 전치사의 목적어)

전치사 without이 쓰인 것을 예를 들어보면,

I cannot live without you.
나는 당신 없이는 살수 없어요.

I am trying to read an English book without an English dictionary.
나는 영어 사전 없이 영어책을 읽어 보려고 한다.

Without your help, I couldn't have finished this project.
당신의 도움이 없었다면, 나는 이 기획을 끝내지 못했을 겁니다.

전치사 중 많이 쓰이는 것이 in으로
in은 주로 연이나 월, 계절, 장소 앞에 쓰입니다.

I came back to Korea in January, 2011.
My school is in Seoul, and I began schooling in March.
2011년, 저는 1월에 한국으로 돌아 왔습니다.
저의 학교는 서울에 있고, 3월부터 학교를 다니기 시작했습니다.

without : (전) …없이[는]
possibility : (명) 가능성; 가망
incite : (동) 〈남을〉 격려하다, 자극하여…하게 하다.
would : (조동사) [+동사의 원형] 《will의 과거로 쓰여》

꿈을 무료로 나누어 주는 가게가 있답니다.
선착순도 아니고 기간도 아주 길어요.
살아있는 동안이니까.
오늘 한번 들러보세요.
어디 있냐고요?
오른손을 최대한 심장 가까이 대보세요.

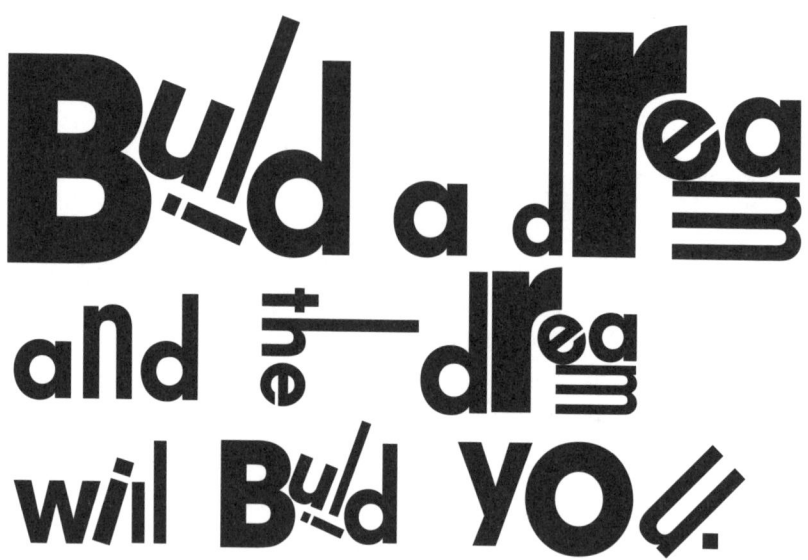

꿈을 꾸면 꿈이 너를 만들 것이다.

A : What was your dream growing up?
B : Why don't you tell me yours first?
A : 네 어릴 적 꿈은 무엇이었니?
B : 너 먼저 얘기해 볼래?

Checking Grammar 동사 미래형 will build

조동사 will의 쓰임새는 많습니다.

1) 동사 앞에 조동사 will을 써서 미래를 표현, '…일 것이다'

I will call you back.
내가 다시 전화할게.

I will go there tomorrow.
나는 내일 거기에 갈 것입니다.

2) 남에게 어떤 것을 해 주기를 부탁할 때, '~해 주시겠습니까?'

Will you close the window for me?
저를 위해 창문 좀 닫아 주시겠어요?

Will you come tomorrow?
내일 와 주실 수 있나요?

부정은 will 뒤에 not를 붙이면 됩니다. (will not = won't)

잊지 않으셨죠.
조동사 뒤에는 항상 동사원형을 쓴다는 것.
그래서 명언에 build.

and : (접속사) (이유·결과를 나타내어) 그리고. 또한
(명령문 따위의 뒤에서) '그렇게 하면'의 뜻이 있다.
will : (조동사) [+동사의 원형] 《미래를 나타내는 데 사용하여》~할 것이다.
build : (동) 짓다, 세우다, 만들어 내다.

당신의 어린 시절은 어땠습니까?
좋았다면 추억이고 나빴다면... 그건 바로 경험.
경험이란 말이 나왔으니 경험에 관한 말씀, 한 줄 놓아둡니다.

불경일사 부장일지 不經一事 不長一智
한 가지 일을 경험하지 않으면 한 가지 지혜가 자라지 않는다.
-명심보감 성심편-

행복한 어린 시절 때문에 많은 사람들이 촉망받는 인생을 망쳤다.
-로버트슨 데이비스-

A : I dreamt of being a pilot flying high in the bright blue sky when I was young. How about you?
B : I wanted to be a teacher in a small rural school.
A : 나의 어릴 적 꿈은 푸른 하늘을 나는 비행기 조종사. 그럼 너는?
B : 나는 조그만 시골 학교에 선생님이 되고 싶었어.

Checking Grammar 현재완료 has spoiled

한국 사람이 가장 헛갈리고 어려워하는 문법이 바로 완료입니다.
현재완료, 과거완료, 현재완료진행, 과거완료진행, 미래완료진행 등
완료가 들어간 문법도 여러 가지입니다.

완료를 설명하기 전에
우리의 생각과 영어권 사람들이 정말로 다른 것이 있는데
그것은 바로 영어권 사람들의 생각에는 〈과거가 두 개〉라는 사실입니다.

결론부터 얘기하면 거기에서 나온 것이 '완료'이며,
우리와 다르게 과거를 이해하는 '그들만의 독특한 과거 개념'입니다.

이해를 돕기 위해 설명하면 우리말은
'나, 반지 잃어버렸어.' '나, 그녀와 헤어졌다.' 라고 하면 그냥 다 과거가 되어
'반지를 잃어 버려서 현재까지 못 찾고 있는 것'을 포함하고,
여자 친구랑 헤어졌으면 '현재까지 헤어져 있는 것'을 포함되고 있지만
영어는 그렇지 않습니다. 아래 영문을 볼까요.
I kept all my christmas cards.
(kept : 단순 과거_나는 모든 크리스마스카드를 가지고 있다. 지금도 가지고 있는지 알 수 없다.)
I have kept all my christmas cards.
(have kept : 현재완료_나는 모든 크리스마스카드를 현재까지도 가지고 있다는 뜻) 이해되시나요?

옆에 있는 명언을 보면 '완료를 보는 개념과 느낌'이 더 잘 이해될 것입니다.
A happy childhood has spoiled many a promising life.
행복한 어린 시절 때문에 많은 사람들이 (현재까지) 촉망받는 인생을 망쳤다.

단순과거와 현재완료의 차이가 이해되기를 바라며,
have가 아닌 has가 나온 것은 주어 A happy childhood가 3인칭 단수이기 때문입니다.
현재완료 : have(has) + 과거분사의 꼴.

childhood : (명) 어린 시절, 유년기
spoil : (동) 망가뜨리다. 망쳐놓다. spoil – spoiled(spoilt) – spoiled(spoilt) – spoiling.
promising : (형) 전도유망한, 가망 있는 (부) promisingly

전구를 발명하기 까지 많은 실패가 있었음을 묻는
어느 기자의 질문에 에디슨은 이렇게 대답했답니다.
"전구를 발명하기 까지 10,000 번의 실험을 했습니다.
그 중에서 전구를 발명하는 방법 한 가지를 찾은 것이 아니라
불이 안 들어오는 9,999 번의 오류를 발견했습니다."
당신의 임기응변 재치지수는 얼마입니까?

If you don't walk today, you will have to run tomorrow.

오늘 걷지 않으면 내일은 뛰어야 할 것이다.

A : What's the speed of a person walking?
B : Based on adults, normally 4 kilometers per hour,
and about 7 kilometers per hour when running.

A : 사람의 걷는 속도는 얼마나 되나요?
B : 성인기준으로 보통 4km/h, 뛰거나 할 때는 약 7km/h 정도입니다.

Checking Grammar 가정법 If

가정법의 대표적 표현은 If로
'만약 ~~라면'이라고 가정해 보는 문법입니다.

1) 가정법 현재

Maybe I will have enough money. 아마도 내가 충분한 돈을 가질 거야.
→ If I have enough money, I will go to the Pop concert.
(정말로) 충분한 돈을 가지게 된다면, 나는 팝 콘서트에 갈 거다.

가정법 현재는 현재나 미래에 대해 가정할 때 쓰이는데,
어떤 상황이 실제 사실이라고 여기고 가정하는 경우
즉, 예문에서는 충분한 돈을 가지게 되고 그것이 사실이라고 가정하는 겁니다.
형태 : If + 주어 + 동사의 현재형, 주어 + will/can + 동사의 원형

2) 가정법 과거

I won't have enough money. 나는 충분한 돈을 가지지 못 할 거다.
→ If I had enough money, I would go to the Pop concert.
만약 내가 충분한 돈을 가지고 있었다면, 나는 팝 콘서트에 갔을 거다.

가정법 과거는 현재 사실과 반대되게 가정하는 것인데,
결국 돈이 충분하지 않아서 가지 못했다는 거죠.
형태 : If + 주어 + 동사의 과거형, 주어 + would/could + 동사의 원형

3) 가정법 과거완료

I didn't have enough money. 나는 충분한 돈을 가지고 있지 않았다.
→ If I had had enough money, I would have gone to the Pop concert.
만약 내가 충분한 돈을 가지고 있었었다면, 나는 팝 콘서트에 갔을 거다.

가정법 과거완료는 과거에 대해 말할 때,
그때의 상황과 반대되게 가정할 경우 쓰입니다.
형태 : If + 주어 + 과거완료형(had + p.p.), 주어 + would/
could + 현재완료형 (have + p.p.)

have to [=have got to] : (조동사) [+동사원형] …해야 한다.

Truth ★ Value
진리 ★ 가치

더 좋은
방법은
언제나 있다.

There is always a better way.
-토머스 에디슨-

There is : ~이 있다.
always : (부) 언제나, 항상
better: (형)《good의 비교급》더 좋은, 더 나은

By doubting we come at the truth.
의심함으로써 우리는 진리에 도달한다.

doubt : (동) 의심하다. / **truth** : (명) 진실, 전치사 at의 목적어

We only see what we know.
우리는 우리가 아는 것만 볼 수 있다. -요한 볼프강 폰 괴테-

only : (부) 단지, …만

Don't judge a man until you've walked in his boots.
그 사람의 입장이 되어 보지 않고서는 그 사람을 비난하지 말라.

judge : (동) 판단(평가) 하다. / **until also till** : (접속사) …(할 때)까지, …가 될 때 까지

Imagination is more important than knowledge.
지식보다는 상상력이 중요하다. -알버트 아인슈타인-

imagination : (명) 상상, 상상력 / **more** : (부) 《many 와 much의 비교급》 더(많이, 크게)
knowledge : (명) 지식, 학식

We think too much and feel too little.
우리는 너무 많이 생각하고 너무 적게 느낀다. -찰리 채플린-

think : (동) [+(that)] (…이라고) 믿다; 고려하다. / **too** : (부) 필요이상으로, 너무

No man is born wise or learned.
날 때부터 현명하고 유식한 사람은 없다. -서양 속담-

no : 조금도(전혀) …않다. / born : (형) 태어난 / learned : (형) 유식한

Someone's sitting in the shade today because someone planted a tree a long time ago.
오늘 누군가가 그늘에 앉아 쉴 수 있는 이유는
오래 전에 누군가가 나무를 심었기 때문이다. -워런 버핏-

sit : (동) (의자·기타 좌석에) 앉다. / because : (접속사) 《부사절을 이끌고 혼자서는 불완전한 절이라 주절과 함께 쓴다.》 …한 이유로 / shade : (명) 그늘 / ago : (지금으로부터) … 이전에. 과거시제에만 쓰고, 완료형[have(had)] + 과거분사]에는 사용하지 않는다.

We never know the worth of water till the well is dry.
우물이 마르기까지는 물의 가치를 모른다.

till also until : (접속사) …(할 때) 까지, …가 될 때까지 / well : (명) 우물, 샘

You should eat to live; not live to eat.
살기 위해서 먹어야지 먹기 위해서 살아서는 안 된다. -소크라테스-

should : (조동사) [+동사의 원형] 《충고를 나타내어》 …하여야 한다.

The depth of man and melons are hard to know.
사람의 속과 수박의 속은 알기가 매우 어렵다. -서양 속담-

depth : (명) 깊이

The man who removes a mountain begins by carrying away small stones.
산을 옮기는 사람은 작은 돌을 운반하는 것으로 시작된다. -서양 속담-

remove : (동) …을 (어떤 장소에서) 치우다, 제거하다. / carry : (동) 운반하다, …을 나르다.

완벽함이 아니라
탁월함을 위해 애써라.

**Strive for excellence,
not perfection.**
-토머스 에디슨-

strive : (동) (얻거나 정복하려고) 애쓰다.
excellence : (명) 훌륭함, 우수함.
perfection : (명) 완전(완벽)

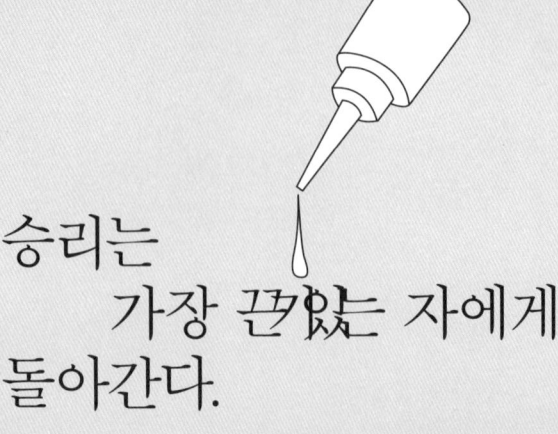

승리는 가장 끈있는 자에게 돌아간다.

Victory belongs to the most persevering.
-나폴레옹 보나파르트-

most : (부) 《much의 최상급》 가장 (많이)
belong to : …의 소유이다.
persevere : (동) 버티다, 참다, 인내하다.

To doubt is safer than to be secure.
의심하는 것이 확신하는 것보다 더 안전하다.

doubt : (동) …에 대하여 의심하다. / safe : (형) 위험이 없는, 안전한
than : (접속사) 《비교급에 써서 차이를 나타냄》 … 보다(는, 도)
secure : (형) 의심이 없는, 확신하는

**I do not know what the future holds,
but I know who holds the future.**
저는 미래가 어떻게 전개될지는 모르지만,
누가 그 미래를 결정하는지는 압니다. -오프라 윈프리-

know : (동) [+(that)] (…에 관해서) 알고 있다.

It is not the mountain we conquer, but ourselves.
우리가 정복하는 것은 산이 아니라 우리 자신이다. -에드몬드 힐러리 경-

but : (접속사) 그 대신에, (…이) 아니고; not one, but two! (하나가 아니라, 둘이야!) / **conquer** : (동)정복하다.

Try not to become a man of success but rather try to become a man of value.
성공한 사람보다는 가치 있는 사람이 되라. -알버트 아인슈타인-

try : (동) [+ to-v] 시도하다, 해보다. / **to 부정사의 부정형** : not + to부정사
success : (명) (…에서의) 성공 / **rather** : (부) 도리어, 오히려 / **value** : (명) 가치

You look at what you have in life, you'll always have more. If you look at what you don't have in life, you'll never have enough.
당신이 당신의 삶에서 가진 것을 바라본다면 당신은 항상 더 풍요로울 것입니다.
하지만 당신의 삶에서 없는 것만 보며 불평한다면 당신은 결코 만족하지 못할 것입니다.
-오프라 윈프리-

will : (조동사) [+동사의 원형] 《미래를 나타내는 데 사용하여》 조동사+부사+일반 동사
always : (부) 언제나, 항상 / **if** : (접속사) …이라면, 만일…이면 / **look at** : …을 보다.
never : (부) 전혀 …않다. 결코(하지) 않다. 일반 동사 앞에 온다.

영어비빔밥

+ HELP YOURSELF

CHAPTER 3

씹는맛과 칼칼함을 위해 무생채를 볶은김치 옆에 적당량 투하!

SUCCES

Between success and failure stands persistence.

성공과 실패 사이에는 끈기가 있다.

우리말로 '수고 하셨습니다.'는
영어로 무엇일까요?
Thank you for your effort.
Thanks for all your trouble.
Thank you so much for your support.
I appreciate your hard work.
You've done a good job.
오늘도 서바이벌 Survival 하시랴
수고 많으셨습니다.

Success, remember, is the reward of toil.

성공은 수고의 보상이라는 것을 기억하라.

A : I'm in your debt.
B : Don't mention it. I'm just glad I could help you out.
A : 당신에게 신세를 졌네요.
B : 별 말씀을요. 당신을 돕게 되어 기쁘게 생각합니다.

Checking Grammar 명사 Success, reward, toil

이 세상 모든 사물이나 추상적인 이름을 명사라 했습니다.
쉽게 말해 눈에 보이는 모든 것뿐만 아니라
눈으로 볼 수 없는 추상적인 것들(희망, 평화, 행복 따위)도 포함해서 말입니다.

명사에는 관사가 꼭 붙는다고 했는데,
정관사(the)나 부정관사(a, an)중 어떤 것을 써야 하는지
또, 수량(양)을 정확하게 어떻게 나타내야 하는지를 알기 위해서
그 명사가 셀 수 있는 명사(가산명사_Countable Noun)인지,
셀 수 없는 명사(불가산명사_Uncountable Noun)인지 알아야 합니다.

셀 수 있는 명사는

보통명사 (book, apple, cat, girl …)와
집합명사 (family, class, police, people …)로 나뉘며,
단수형과 복수형이 있고 단수형에 a(an)를 붙입니다.

a table, tables
a ring, a lot of rings 등

셀 수 없는 명사는

고유명사 (세상에 하나 밖에 없는 것_사람 이름, 나라 이름, 도시 이름_Hong Gil-Dong,
    The United States of America, Seoul, Mt. Rocky …)와
추상명사 (보이지 않는 것 hope, love, peace, happiness, beauty, life …),
물질명사 (물질로 이루어 진 것_water, milk, coffee, bread, paper, sugar …)로 나뉘며,
복수형이 없습니다. 따라서 a(an)를 붙이지 않습니다.

mail, some mail
money, a lot of money
homework, a lot of homework
coffee, much coffee 등

사전이나 영어책을 읽으면서 명사를 주의 깊게 보세요.
명사라는 것은 셀 수 있든, 셀 수 없든 간에
'이름 붙일 수 있는 모든 것'이라는 잊지 마십시오.

success : (명) 성공
reward : (명) 보수, 보상(금)
toil : (명, 동) 힘써 일함(일하다), 열심히 일하다

빨리 계산 해 보세요.
밑에 정답을 살짝 가리고~!
1초는 몇 분?
1분은 몇 시간?
1초는 몇 시간일까요? -정답은 밑에-

A minute's success pays the failure of years.

단 1분간의 성공이 몇 년의 실패를 보상한다.
-로버트 브라우닝-

A : Is the business going well?
B : Thanks to you.

A : 일(사업)은 잘 되어 가나요?
B : 덕분에요.

Checking Grammar 일반동사 pays

동사는 크게 움직임을 나타내는 '일반동사'와 상태를 나타내는 'be동사' 2종류가 있습니다.

옆에 있는 명언에 pays란 단어가 있습니다. '돈을 주다'란 뜻의 pay는 왜 pays처럼 끝에 's'가 붙었을까요? 돈을 많이 주었나? 천만에 말씀!!^^

I, You, We, They, 복수형 명사가 주어로 오면 동사를 원형 그대로 쓰고, 주어가 3인칭 단수 일 때는 동사 원형 뒤에 -s나 -es를 붙여야 하는 것이 영문법이기 때문입니다.

〈 일반 동사에 -s나 -es붙이는 법 〉

1) 대부분의 동사는 끝에 -s만 붙입니다.
(want → wants, sing → sings, love → loves)
2) 단어가 ch, s, sh, o, x, z로 끝나면 -es를 붙입니다.
(wish → wishes, teach → teaches, go → goes)
3) 단어가 '자음자 + y'로 끝나면 y를 i로 고치고 -es를 붙입니다.
(study → studies)
4) 단어가 '모음자 + y'로 끝나면 그냥 s만 붙입니다.
(play → plays, pay → pays)

success : (명) 성공
pay : (동) 지불하다, (빚을) 갚다.
pay(원형) - paid(과거) - paid(과거분사) - paying(현재분사)
failure : (명) 실패

1초는 분으로 하면
1/60 분.
1분은 시간으로 하면
1/60 시간.
1초를 시간으로 나타내면
1/3,600 시간.

Between success and failure stands persistence.

천재를 이기는 사람은 노력하는 사람입니다.

성공과 실패 사이에는 끈기가 있다.

A : What do you think made this project successful?
B : I think it was the help we got from an expert and the failure we faced last time.
A : 이번 프로젝트의 성공요인이 무엇입니까?
B : 전문가의 도움과 지난 번 실패가 도움을 준 것 같습니다.

Checking Grammar 전치사 Between

명사나 대명사 앞에 오는 전치사는
종류도 많고 쓰는 곳에 따라 다르게 해석되는 경우도 있습니다.

전치사 뒤에 명사나 대명사를 '전치사의 목적어'라 하며
문장에서 전치사구는 형용사나 부사 같은 역할을 합니다. (전치사구 : 전치사 + 전치사의 목적어)
(전치사 구는 예를 들면 in the morning, under the sea, over the rainbow ⋯)

전치사 중에서 위치와 관계있는 것 몇 개 더 알아보면,
- at : at my house, at the door ~에 (지점, 위치를 나타냄)
- in : in a house, in a box, in France ~(안)에, ~에서
- on : a clock on the wall, a ring on my finger (~에) 접하여, 매달려
- between : between John and Mary, between five and six o'clock (두 개의 사물) 사이에
    *between은 뒤에 두 사람(사물) 등이 옵니다.

위에 있는 전치사를 활용해서 하루에 딱 세 문장씩만 써보거나,
남이 쓴 것을 그대로 베껴 써보아도 1년이면 1,000문장을 더 쓰게 되지요.
영어는 그렇게 하다보면 말하는 것과 글 쓰는 실력이 향상되는 겁니다.

between : (전) 《두 개의 사물이 분리된 것을 나타내는 데 써서》 ~사이에 (뒤에 두 사람(사물 등)이 온다.)
success : (명) 성공
failure : (명) 실패
persistent : (형) 끈덕진, 끈기 있는. persistence (명)

'1만 시간의 법칙'이란
평범한 사람들도 1만 시간을 투자하면
그 분야에서 전문가가 된다는 것입니다.
10,000 시간을 날로 계산하면 416일 하고도 7시간.
하루에 규칙적으로 3시간을 투자하면 9.2년.
하루에 6시간을 투자하면 4년 6개월을 필요로 합니다.
이 법칙이 꼭 맞는지 모르겠지만
'노력하라'란 의미인 것은 분명합니다.

The key of success in any field is a matter of practicing a specific task for a total of 10,000 hours.

어떤 분야에서든 성공하려면 10,000시간을 연습하면 된다.
-글레드 웰-

A : Does love need practice as well?
B : I think that question is too hard for me to answer.
A : 사랑도 연습이 필요할까요?
B : 그건 제겐 너무 어려운 질문입니다.

Checking Grammar 전치사 of, in, for

기간을 나타내는 전치사는 for, during, through가 있습니다.

for : ~동안 (기간 · 거리를 나타내어)
We have been here for 2 weeks.
우리는 2주일 동안 이 곳에 머물러 있다.

I drove for 10 hours.
나는 10시간 동안 운전했다.

during : (한 기간의) 처음부터 끝까지 (한 기간 중의) …동안에
I stayed there during the winter vacation.
나는 겨울 휴가 동안에 거기에 머물렀다.

She runs every day during her vacation.
그녀는 휴가기간 동안에 매일 달린다.

through : ~내내, ~동안 줄곧 (처음부터 끝까지 줄곧)의 의미를 갖기도 하고, 어디어디를 통과해 지나가는 것을 나타낼 때도 씁니다.

She and I watched the movie through the night.
그녀와 나는 밤새도록 영화를 보았습니다.

Go out through this gate.
대문을 통해서 나가세요.

예문에서 보았듯이 전치사의 위치는 꼭 명사나 대명사 앞에 쓰며,
명언에 있는 practicing은 전치사의 목적어로 온 동명사입니다.

key : (명) 비결, 수단
success : (명) 성공
field : (명) (지식의) 분야
a matter of : …의 문제
practice : (동) 연습하다.
specific : (형) 명확한, 명백한
task : (명) 일, 직무

〈계보〉
소크라테스는 플라톤의 스승.
플라톤의 제자는 아리스토텔레스.
아리스토텔레스가 남긴 명언 중에
가장 유명한 것은
이 두 개가 아닐까 합니다.

Well begun is half done.
시작이 반이다.

Patience is bitter, but its fruit is sweet.
인내는 쓰다. 그러나 그 열매는 달다.

It is possible to fail in many ways, while to succeed is possible only in one

실패하는 길은 여럿이나 성공하는 길은 오직 하나다.
-아리스토텔레스-

A : Can you tell me the short cut to school? (short cut=detour)
B : Follow this road, then turn right when you see the pharmacy.
A : 학교로 가는 지름길을 알려 주시겠어요?
B : 이 길을 따라 곧장 가시다가 약국이 나오면 오른쪽으로 가세요.

Checking Grammar to부정사 to fail, to succeed

'to부정사'는 'to + 동사원형'이라 했습니다.
to부정사가 명사처럼 쓰일 때는 '~하는 것', '~하기'의 뜻으로
문장 안에서 주어, 목적어, 보어의 역할을 합니다.

to부정사가 주어로 쓰일 때는

To fail in many ways is possible.

To write a composition is hard. 처럼
주부가 너무 길어지므로 동명사(Failing, Writing)로 바꾸어 쓰거나
It(가주어)를 대신 주어로 쓰고, to부정사 구를 문장의 뒤로 보내면 됩니다.

Failing in many ways is possible. 또는
It is possible to fail in many ways. (It = to fail in many ways)

Writing a composition is hard. 또는
It is hard to write a composition. (It = to write a composition)

it : 형식상의 주어로 뒤에 따르는 진주어를 대신 쓴 가주어.
fail : (동) (…에) 실패하다.
while : (접속사) …인데도, …이지만; …임에 비하여(반하여) while앞에 comma(,)를 한다.

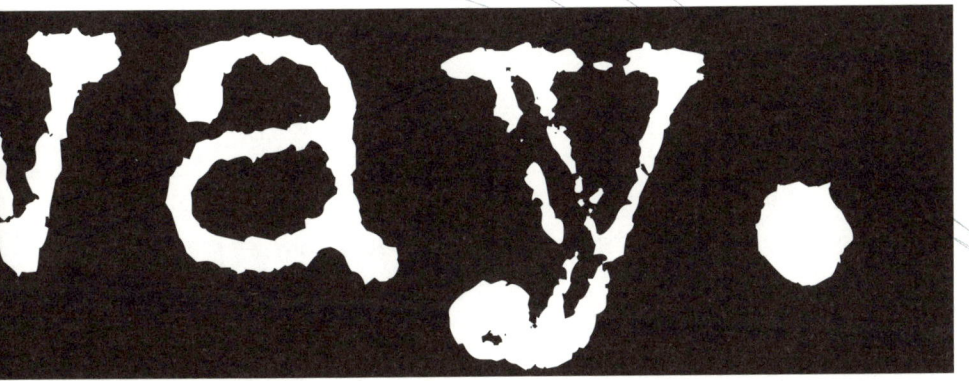

 바쁘다는 핑계로 전화 한 통화 없는 당신이라면 지금 당장 휴대폰을 드세요.

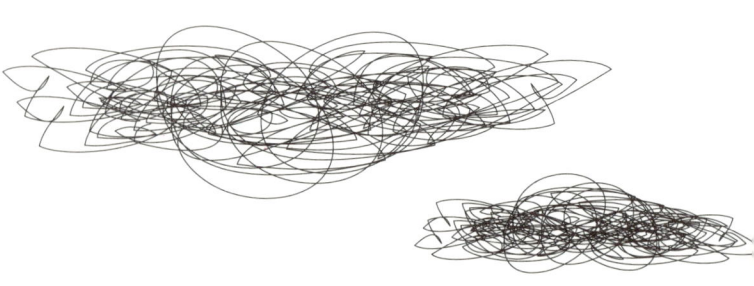

A : You must be very busy these days. It seems that you have missed last meeting as well.
B : Yes, I was on a long business trip.
A : 요즘 많이 바쁘신가 봐요. 지난 번 모임에도 안 나오셨던데...
B : 예, 장기간 해외출장을 다녀왔습니다.

Success usually comes to be

성공은 대개 그것을 찾기에는
너무 바쁜 사람들에게 온다. −헨리 데이비드 소로우−

Checking Grammar to부정사 (with too)

to부정사는 부사 too와 같이 종종 쓰일 때가 있는데
형태는 'too + 형용사 + to부정사'이고,
이 때 쓰인 too는 부정적인 결과를 암시합니다.

1) The school is too far to go on foot.
그 학교는 걸어서 가기에는 너무 멀다.

→ The school is too far. I can't go on foot.
그 학교는 너무 멀다. 나는 걸어서 갈수 없다.

2) Mike is too small to reach the light switch on the wall.
마이크는 벽에 있는 조명 스위치에 닿기에는 너무 작다.

→ Mike is too small. He can't reach the light switch on the wall.
마이크는 너무 작다. 그는 조명스위치에 닿을 수 없다.

3) The weather is too hot to jog.
날씨가 조깅하기에는 너무 덥다.

→ The weather is too hot. I can't jog.
날씨가 너무 덥다. 나는 조깅할 수 없다.

success : (명) 성공
usually : (부) 평소에는, 보통은 일반 동사 앞에 온다.
those : (대명사) that 의 복수
too + 형용사 + (for someone) + to부정사 : 너무… 해서 ~할 수 없다. (~하기에는 너무 …하다)
look for : ~을 찾으려고 하다.

o those who are too busy
looking for it.

성공하는 사람에게는
세 가지 실(3실 三實)이 있다죠.
성실 誠實
진실 眞實
절실 切實
모두 합치면 결실 結實!

Eighty percent of sucess is showing up.

성공의 8할은 출석하는 것이다.
-우디 알렌-

A : I have to go now.
B : So soon? It was nice meeting you.
A : 이제 가봐야겠습니다.
B : 벌써요? 만나서 반가웠습니다.

Checking Grammar 동명사 showing

동명사는 '동사 + ing' 꼴!
결론부터 얘기하면 동명사는 명사의 역할을 합니다.
동사원형에 -ing가 붙은 동명사는 문장에서 주어, 보어, 목적어로 쓰이며,
to부정사와 달리 전치사와 함께 쓸 수 있어서, 전치사의 목적어로도 쓰입니다.
어떤 동사들은 목적어로 명사와 대명사뿐만 아니라 동명사도 올 수 있는데
enjoy, stop, finish, keep, mind… 등이 그것입니다.

〈 동명사가 목적어로 쓰인 예 〉

1) I enjoy drawing cartoons in my free time.
나는 한가한 시간에 만화 그리는 것을 즐긴다. (drawing)

2) Dean quit exercising two days ago.
딘은 이틀 전에 운동하는 걸 그만두었다. (exercising)

3) Did you finish cleaning your room?
방청소하는 거 다 끝냈니? (cleaning)

4) Jim kept avoiding my calls yesterday.
짐은 어제 내 전화를 계속 피했다. (avoiding)

5) Would you mind turning on the TV?
TV 좀 켜주시겠어요? (turning)

또한 go는 go shopping, go camping, go fishing 처럼 (활동을 하러) '…에 가다.'의
의미일 때 항상 뒤에 동명사를 씁니다. 동명사의 해석은 '~하는 것'이 일반적입니다.
명언에서 동명사 showing은 보어로 쓰인 경우이며,
많이 알고 계시는 이 문장,
"Seeing is believing." "보는 것이 믿는 것이다."
동명사 2개가 앞뒤로 함께 있었네요.

success : (명) 성공
show up : 또렷이 보이다, 참석하다, 눈에 띄다.

"할아버지, 지금 뭘 하고 계신 거예요."
"바늘을 만들려고 도끼를 갈고 있단다."
"그렇게 큰 도끼를 간다고 바늘이 될 수 있을까요?"
"아무렴 되고말고! 중도에 그만두지만 않는다면 말이지."

소위 말해 좀 배웠다고 하는 사람들이 인용하는 고사성어.
마부작침磨斧作針의 유래입니다.

Success is counted sweetest by those who never succeed.

한번도 성공 해보지 못한 사람들에게
성공은 가장 달콤하게 여겨진다.
–에밀리 디킨스–

A : What do you do for a living?
B : I work at an online game company.
A : 무슨 일을 하세요?
B : 온라인 게임회사에서 일하고 있습니다.

Checking Grammar 수동태 is counted

일상생활에서 가끔 듣게 되는 소리가 있습니다.
"수동적인 태도를 버리고 능동적인 태도를 가져라!"

수동적이냐! 능동적이냐!
바꿔 말하면 내가 스스로 주도해 나가느냐! (능동적 의미),
남에 의해 끌려갈 것이냐! (수동적 의미)란 것으로
영어에서도 능동태, 수동태라는 것이 있습니다.

우리가 쓰는 대부분의 문장은 거의 능동태이고,
해석은 '(주어가) ~하다.' 라는 뜻이지만
수동태는 '(주어가) ~당하다, ~되다.'의 의미를 갖습니다.
왜냐하면 능동태 문장의 목적어를 수동태 문장의 주어로 쓰면서
동작의 대상이 되기 때문입니다.

수동태의 시제를 알아보면,

1) **현재** : am, is, are + p.p
Ann bakes a cake. 앤이 케이크를 굽는다. (능동)
→ A cake is baked by Ann. (수동)

2) **과거** : was, were + p.p
Ann baked a cake yesterday. 앤이 어제 케이크를 구웠다. (능동)
→ A cake was baked by Ann yesterday. (수동)

3) **현재 완료** : have(has) + been + p.p
Ann has baked a cake. 앤이 케이크를 구웠다. (능동)
→ A cake has been baked by Ann. (수동)

4) **미래** : will + be + p.p
Ann will bake a cake. 앤이 케이크를 구울 거다. (능동)
→ A cake will be baked by Ann. (수동)

어느 문장이든 문법이 있지만 어느 단어를 만나느냐에 따라 문법이 바뀌는 것입니다.
마치 사람도 어느 사람을 만나느냐에 따라 인생이 달라지는 것과 같다고나 할까요?

success : (명) 성공 / **count** : (동) (…라) 생각(간주)하다, 차례로 수를 말하다.
those : (대명사) that 의 복수
never : (부) 전혀… 않다, 결코 (…하지) 않다. 일반동사 앞에 온다.
succeed : (동) 성공[성취]하다.

'즉흥적 결심'보다는
'비장한 결심'이어야 합니다.

**Always bear in mind
that your own resolution
to succeed is
more important
than any one thing.**

늘 명심하라. 성공하겠다는 너 자신의 결심이
다른 어떤 것보다 중요하다는 것을.
−에이브러햄 링컨−

A : I decided to read at least one sentence per day.
B : I know you'll be able to do it.
A : 하루에 한 문장이라도 읽기를 결심했어.
B : 너라면 분명히 할 수 있을 거야.

Checking Grammar 명사절 that your own resolution to succeed is more important than any one thing

절(節 clause)이란
두 개 이상의 단어로 구성되고 반드시 그 안에 주어와 동사가 있으며,
구(句 Phrases)는
두 개 이상의 단어까지는 절과 같지만 구에는 주어와 동사가 없는 것입니다.

명사절은 '절(문장)의 형태'로 명사의 역할을 하는 것으로
문장에서 보어로 또는 동사의 목적어로 쓰입니다.

1) 보어로 쓰이는 명사절
The song is lovely.
그 노래는 아름답네요. (형용사 lovely가 보어로 쓰임)
The best thing about my job is that I can have a room to myself.
내 직업에서 가장 좋은 것은 나 혼자서 쓸 방을 가질 수 있다는 것이다.
(that이하가 보어의 역할을 하는 명사절이며, 이 that은 생략하지 않습니다.)

2) 목적어로 쓰이는 명사절
동사의 목적어로 보통 명사나 명사구가 많이 오는데,
어떤 동사는 명사절도 목적어로 뒤에 올 수 있습니다.

David knows my address.
데이빗은 내 주소를 안다. (명사구 my address가 목적어로)
I don't know where he lives.
나는 그가 어디에 사는지를 모른다. (명사절 where he lives가 목적어로)
My mom always knows what I want.
엄마는 내가 뭘 원하는지 항상 아신다. (명사절 what I want가 목적어로)
I think (that) he will come to my birthday party tomorrow.
나는 그가 내일 내 생일 파티에 올 거라고 생각한다. (명사절_that 이하가 목적어로)
*목적어절을 이끄는 접속사 that은 생략할 수 있습니다.

always : (부) 언제나, 항상. 일반 동사 앞에 온다.
bear : (동) 가져가다, 가지다, 지니다.
bear in mind : don't forget의 뜻.
own : 자기 자신
resolution : (명) 결의, 결단
succeed : (동) 성공[성취]하다.
than : (접속사) 《비교급에 써서 차이를 나타냄》 … 보다(는, 도)

우공이산愚公移山
어리석어 보여도 조금씩 흙을 옮기면 산을 옮길 수 있고

우보만리牛步萬里
우직한 소처럼 천천히 걸어서 만리를 간다.

우직함이야말로 감사할 능력이죠.
뚝심 있는 사람, 우직한 사람이
실패한 사례를 혹시 알고 계십니까?

A : Can you find the dictionary for me?
B : It's over there.
A : 사전 좀 찾아주세요.
B : 저기 있네요.

The only place where success comes before work is a dictionary.

일보다 성공이 먼저 나오는 곳은
사전 밖에 없다.
－비달 사순－

Checking Grammar 형용사절 where success comes before work

명사의 상태를 묘사하거나 명사에 대한 정보를 주는 것이 형용사이고 형용사절은 '형용사절을 알리는 표시(관계대명사)'와 함께 '절의 형태'로 형용사 역할을 하는 것입니다.

The office where I work is in Seoul.
내가 일하는 사무실은 서울에 있다.
(where I work는 관계대명사 where이 이끄는 형용사절)

The table which I bought yesterday had many drawers.
내가 어제 산 탁자는 서랍이 많았다.
(which I bought yesterday는 관계대명사 which가 이끄는 형용사절)

The restaurant where I had dinner two days ago came out on TV today.
이틀 전에 내가 점심을 먹었던 그 식당이 오늘 TV에 나왔다.
(where I had dinner two days ago는 관계대명사 where가 이끄는 형용사절)

관계대명사(접속사 + 대명사)의 종류로는
선행사가 사람일 때 who를 쓰고,
사물이나 동물이면 which,
위치나 장소이면 where,
시간을 나타낼 때는 when 등을 쓰지만
사람이나, 사물, 위치, 시간 등에 구분 없이 that을 써도 틀리지는 않습니다.

관계대명사 앞에 나오는 명사를 모두 '선행사' 라고 부른다는 것.
형용사절은 형용사처럼 명사를 묘사하거나 명사에 관한 정보를 주며
반드시 명사(선행사) 뒤에 온다는 것을 잊지 마십시오.

only : (형) 유일한 (관련어구 앞에 놓을 것)
success : (명) 성공
before : (전) …보다 먼저

영어비빔밥

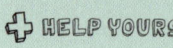

CHAPTER 4

노릇노릇 잘 익힌
쏘세지도 빠지면 안된다

FAILURE

**Failure is not to fall down
but to stay still
where you fell.**

실패란 넘어지는 것이 아니라
넘어진 자리에 그대로 머무는 것이다.

나쁜 일이 생기더라도
좋은 방향으로 생각합시다.

전화위복轉禍爲福
새옹지마塞翁之馬
이 두 고사성어의 뜻을 모르시면
인터넷 검색찬스를 쓰십시오.

Our greatest glory is

not in never falling,
but in rising
every time we fall.

가장 큰 영광은 한 번도 실패하지 않음이 아니라
실패할 때마다 다시 일어서는 데에 있다.
-공자-

A : I wonder what went wrong. I prepared so much for this...
B : You can always give it another go! Cheer up!!

A : 뭐가 잘못됐었을까. 준비를 많이 했었는데..
B : 다시 하면 되지 뭐. 힘내!!

Checking Grammar 대명사 Our, we

대명사(Pronoun)는 명사 또는 명사구 대신에 쓰이는 문법용어로
인칭대명사는 문장 안에서 명사와 똑같이 주어, 목적어, 보어 역을 맡습니다.

1) 주격 : ~은(이)
We have a dog. 우리는 개를 기른다. (We)
He is a football player. 그는 럭비선수다. (He)

2) 소유격 : ~의
Mary lives in an apartment. Her apartment has four rooms.
메리는 아파트에 산다. 그녀의 아파트는 방이 4개다. (Her. 소유격 + 명사)

3) 목적격 : ~을, ~에게
James has a new computer. He bought it yesterday.
제임스는 새 컴퓨터를 가지고 있다. 그는 그것을 어제 구입했다. (it = computer)

'사람이나 사물'을 대신해서 쓸 수 있는 것이 대명사 It 입니다.

It's very hot. 매우 덥네요. (기후)
What time is it? 몇 시 입니까? (시간)
It's nine o'clock. 9시 입니다. (시간)
It's three miles. 3마일 입니다. (거리)
It's summer. 여름입니다. (계절)
It's getting dark. 어두워지네요. (명암)
It's Friday. 금요일입니다. (요일)
It's raining. It's snowing. 비가 옵니다. 눈이 옵니다.
It's me. 나야!

glory : (명) 영광
fall : (동) 넘어지다, 쓰러지다, 몰락하다.
never : (부) 결코 (…하지) 않다. be 동사 뒤에 온다.
but : (접속사) 그 대신에, (이) 아니고 ; not one, but two! (하나가 아니라 둘이야!)
every : 매번, …마다.

085

좌절 속에서 또 하루를 보냈다면
쉽진 않겠지만 툭툭 털고 그만 일어나세요.
당신만을 바라보고 사는 사람도 있습니다.

YOU ALWAYS PASS FAILURE
you always pass failure
ON THE WAY TO SUCCESS.
on the way to success.

성공하기까지는 항상 실패를 거친다.
-미키 루니-

A: Let's just forget about it. We lacked a bit of luck, not the skills.
B: You're right. We did do our best.

A: 잊어버리자. 우리가 실력이 없다기 보다는 조금 운이 없었어.
B: 그래. 우린 최선을 다 했잖아.

Checking Grammar 전치사 on the way, to

전치사(Preposition, 前置詞)는 명사나 대명사 앞에 오고
전치사 뒤에 명사나 대명사를 전치사의 목적어라 합니다.

전치사구란
on the desk, in the morning, at six처럼
전치사와 전치사의 목적어로 이루어져 있는데
형용사처럼 명사를 꾸며 주거나 부사처럼
동사나 형용사, 부사를 꾸며주는 문법용어 입니다.

I looked at the ring on my finger.
나는 내 손가락에 있는 반지를 봤다. (전치사구 on my finger 이 형용사처럼 ring을 꾸며 줍니다.)
I met my dad on my way home.
나는 집에 가는 도중에 아빠를 만났다. (전치사구 on my way home이 동사 met를 꾸며 줍니다.)
Smoking is bad for our health.
담배 피는 것은 우리 건강에 좋지 않습니다. (전치사구 for our health가 형용사 bad를 꾸며 줍니다.)
I arrived at the meeting early in the morning.
나는 아침 일찍 회의에 도착 했습니다. (전치사구 in the morning이 부사 early를 꾸며 줍니다)
전치사는 on, in, at처럼 한 단어로 된 것도 있지만
두 단어 이상으로 된 전치사도 많습니다.

out of ~밖으로 / next to ~옆에 / away from ~로 부터 멀리 / near to ~근처에
instead of ~대신에 / on top of ~의 위에 / because of ~때문에 / in front of ~앞에
at the end of ~ 끝에 / thanks to ~덕분에 / in danger 위험한 / in love 사랑에 빠진
in use 사용 중인 / on sale 세일 중인 / on strike 파업 중인 / on air 방송 중인
on business 업무로 / go for a walk 산책하러 가다 / laugh at 비웃다 / point to ~을 겨냥하다
in a hurry 서두르는 / in spite of ~에도 불구하고(≒despite) … 참 많지요.^^

pass : (동) 지나가다, 통과하다.
failure : (명) 실패
on the way : 가는 도중에
success : (명) 성공

실수가 꼭 나쁜 것만 있을까요?
세상에는 실수로 만들어진 발명품도 많습니다.

포스트잇 초강력 접착제를 만든다는 것이 실패해서 잘 안 붙는 소재를 발견,
떼었다 붙였다하는 아이디어로 기막힌 반전.

페니실린 플래밍이 실수로 시약 통 뚜껑을 닫지 않고 방치했다가 푸른곰팡이 발견.
인류의 3대 명약이라는 항생제 발명.

안전유리 실험 중 실수로 플라스크를 떨어뜨렸는데 유리들이 흩어지지 않고,
서로 붙어 있는 것을 보고 발명.

나일론실 신소재 실을 만들다가 실수로 실패한 섬유 찌꺼기 속에서
길게 늘어나는 무언가를 발견, 나일론실을 발명.

전자레인지 전투기 부품을 만들기 위해 레이저로 실험을 하던 중
옥수수가 저절로 팝콘으로 변하는 것을 보고 전자레인지 발명.

고무타이어 황을 끓이다가 실수로 고무 위에 엎지른 경우.
그것이 합성고무가 되었고 고무 타이어를 발명.

물에 뜨는 비누 실수로 쏟은 비누재료 용액을 굳혀서 비누로 만들었더니,
비누 안에 공기가 들어가 물에 뜨는 비누를 발명.

인류를 위해 〈위대한 실수〉를 하는 사람이 이 책을 보는 당신이었으면 합니다.

Any man can make mistakes, but only an idiot persists in his error.

어떤 사람이라도 실수를 범할 수 있다.
하지만 어리석은 사람만 실수를 되풀이 한다.

A : Do you know why Michael Jordan's back number was 23?
B : His brother's back number was 45, and it was meant to show he wanted to be half the man his brother was.
A : 마이클 조던의 등 번호가 왜 23번인지 아세요?
B : 그의 형의 백넘버가 45번이었는데, 그의 반이라도 따라가자는 의미였대요.

Checking Grammar 접속사 but

단어와 단어, 구와 구, 절과 절을
연결해주는 역할을 하는 것이 접속사입니다.

접속사는

1) 단어와 단어를 연결합니다. (단어 + and + 단어)
I bought a pen and a notebook.
나는 펜과 공책을 샀다.

I studied hard but couldn't get a good mark. (단어 + but + 단어)
나는 열심히 공부했는데도 좋은 점수를 받지 못했다. (동사 2개를 연결함.)

2) 구와 구를 연결합니다. (구 + or + 구)
I'm considering going to Busan by train or by airplane.
나는 부산을 기차로 갈지 아니면 비행기로 갈지에 대해 생각중이다.

3) 절(문장)과 절(문장)을 연결합니다. (절 + (,) + and + 절)
I cooked dinner, and he set the table.
나는 저녁식사를 준비했고, 그는 식탁을 차렸다.

"독립된 두 절(문장)을 연결할 때, 접속사 앞에 반드시 comma(,)를 해야 합니다."
명언에도 있고, 위의 예문에도 있습니다. 잊지 마세요.

any : (대명사) 누구든
mistake : (명) 잘못, 실수
but : 그러나, ~지만
idiot : (명) 바보, 멍청이
persist : (동) [with, in] 끈덕지게 되풀이[계속]하다, 지속하다.
error : (명) 잘못, 실수

잘 되고 있다면
"운이 좋았어요." 라고 하세요.
운칠기삼運七技三이라 하시던가.

OU CAN LEARN A LITTLE FROM VICTORY, OU CAN LEARN EVERYTHING FROM DEFEAT.

승리하면 조금 배울 수 있고
패배하면 모든 것을 배울 수 있다.

A : Can you teach me how to make a personal blog?
B : It's not hard. Why not research it on the internet first?
A : 개인 블로그 만드는 법 좀 가르쳐 줄 수 있겠습니까?
B : 어렵지 않아. 우선은 인터넷으로 조사부터 하는 게 어때?

Checking Grammar 조동사 can

조동사는 동사가 가진 '번거로운 수고'를 덜어 주는 역할을 합니다.
'번거로운 수고'란 것은 동사의 변형을 말하는 것으로
주어가 3인칭 단수 일 때, 반드시 일반 동사 뒤에 -s나 -es를 붙여야 하는 것과
시제에 따른 동사의 변화 등 이런 불편함을 (과거일 경우 went, bought…)
조동사가 대신하기에 '번거로운 수고를 덜어 준다.'는 것입니다.

따라서 조동사는 현재시제를 나타낼 때, 동사는 원형만 쓰고,
과거를 나타낼 때, 조동사만 과거로 바꾸면 (could, would, had to…),
뒤에 오는 동사는 과거로 바꿀 필요 없이 원형 그대로 씁니다.

〈 CAN 〉

1) '~할 수 있다.' (주어의 '능력'을 나타낼 때 쓰임.)
Jim can ride a motorcycle.
짐은 오토바이를 탈 수 있다.

I can walk to the office. It's not far.
나는 사무실에 걸어갈 수 있어. 멀지 않아.

I can't sleep without my baby blanket.
나는 나의 아기 담요 없이는 잘 수 없다.

The company couldn't employ staff members anymore.
그 회사는 더 이상 사원을 고용할 수 없었다.

2) '~해도 좋다.' 허락의 의미 (may와 같음)
Can I open the box? Yes, you can.
상자를 열어봐도 될까요? 그래, 열어도 좋아.

You can call me in the morning.
아침에 나에게 전화해도 됩니다.

can의 부정은 can't (can not)

can : (조동사) [+동사의 원형] 《능력이나 가능성을 나타낼 때》 …할 수 있다.
a little : 조금은
victory : (명) 승리
defeat : (명) 패배

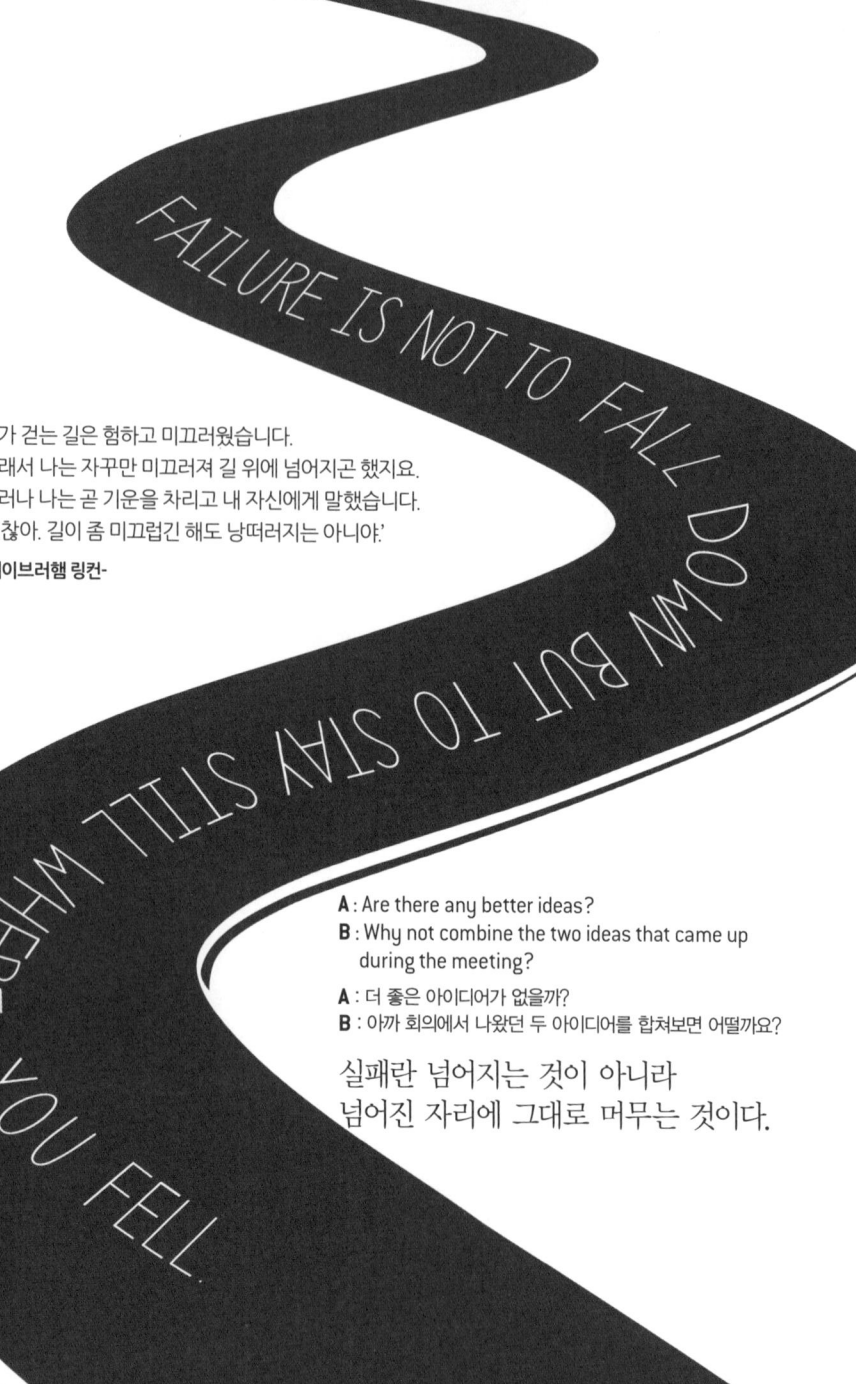

FAILURE IS NOT TO FALL DOWN BUT TO STAY STILL WHERE YOU FELL.

내가 걷는 길은 험하고 미끄러웠습니다.
그래서 나는 자꾸만 미끄러져 길 위에 넘어지곤 했지요.
그러나 나는 곧 기운을 차리고 내 자신에게 말했습니다.
'괜찮아. 길이 좀 미끄럽긴 해도 낭떠러지는 아니야.'
-에이브러햄 링컨-

A : Are there any better ideas?
B : Why not combine the two ideas that came up during the meeting?
A : 더 좋은 아이디어가 없을까?
B : 아까 회의에서 나왔던 두 아이디어를 합쳐보면 어떨까요?

실패란 넘어지는 것이 아니라
넘어진 자리에 그대로 머무는 것이다.

Checking Grammar to부정사 to fail, to stay

to를 동사 앞에 써서 to work, to play, to hit, to know,…
즉 'to + 동사원형'이 'to부정사'입니다.
to부정사는 문장에서 명사, 형용사, 부사처럼 쓰입니다.

〈 to부정사가 명사처럼 쓰일 때 〉

1) 주어로 쓰임
to부정사가 주어로 올 경우는 강조를 위한 것으로 보통 잘 사용하지 않고,
주로 동명사나, 가주어 It를 주어로 더 많이 사용합니다.

To ride a bicycle is fun.
자전거를 타는 것은 재밌다.
= Riding a bicycle is fun. 또는 It is fun to ride a bicycle.

2) 목적어로 쓰임
to부정사를 목적어로 갖는 동사들은
need, offer, forget, mind, intend, plan, decide … 등이 있습니다.

Kate needed to talk to David about their homework.
케이트는 데이빗에게 그들의 숙제에 관해서 얘기할 게 있다.

I expect to make a profit of $1,000 this month.
나는 이번 달에 천 달러의 수익을 예상하고 있다.

My husband and I would love to go to Hawaii.
내 남편과 나는 하와이에 가고 싶다.

I don't want to sleep tonight.
나는 오늘 밤에 자고 싶지 않다.

to부정사의 부정은 명언에 있는 것처럼 not + to부정사.

failure : (명) 실패
but : (접속사) 그 대신에, (이) 아니고; not one, but two! (하나가 아니라 둘이야!)
fall down : 넘어지다, 쓰러지다.

다음 질문과 대답을 잘 읽고 기회의 모습을 상상하시오.
이탈리아에 있는 토리노 박물관에는 제우스의 아들이며
'기회의 신神'인 카이로스Kairos의 조각상이 있답니다. 자, 문제 나갑니다.

Q 1) 기회의 신神 카이로스의 앞머리가 무성한 이유는?
A 1) 사람들이 자기를 보았을 때 쉽게 붙잡게 하려고. (딩동댕~)

Q 2) 그렇다면 그의 뒷머리가 대머리인 까닭은?
A 2) 자기가 지나가고 나면 다시는 자기를 붙잡지 못하게 하려고. (딩동댕~~)

Q 3) 발에 날개가 달린 이유는?
A 3) 이미 기회를 놓친 이로부터 최대한 빠르게 사라지려고. (와~우^^)

Q 4) 그럼 그의 왼손에 저울을 들고 있는 까닭은?
A 4) 자신들이 발견한 그 일이 기회인지 아닌지를 판단하라고. (굉장하군~!)

Q 5) 마지막으로 그의 오른손에 칼을 쥐고 있는 이유는?
A 5) 빠른 결단을 내리라는 뜻이랍니다. (엑썰런트!!!)

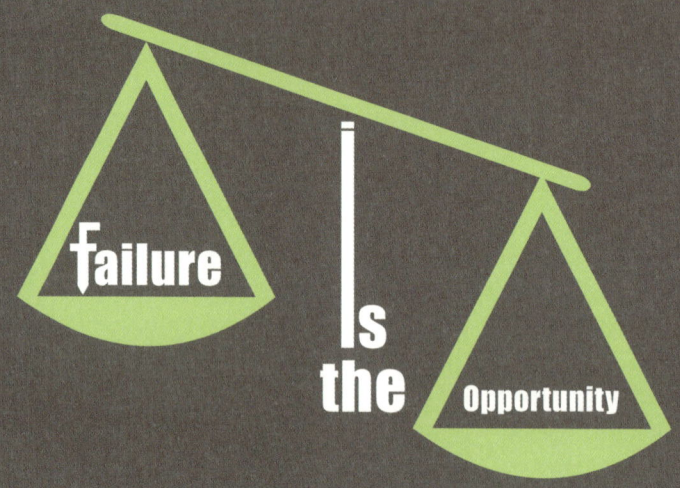

to begin more intelligently.

실패란 보다 현명하게 다시 시작할 수 있는 기회다.
-헨리 포드-

Checking Grammar to부정사 to begin

to부정사(to + 동사원형)는 동사 다음에 쓰여 목적어의 역할을 할 뿐만 아니라 명사를 꾸며주는 형용사처럼 쓰이기도 합니다.

〈 to부정사가 형용사처럼 쓰일 때 〉

'~할, ~하는'의 뜻으로 문장에서 형용사처럼 명사, 대명사를 꾸며주는데, to부정사는 명사, 대명사 뒤에 위치합니다. (명사 · 대명사 + to부정사)

1) I need something to cut that rope.
나는 저 밧줄을 자를 뭔가가 필요하다. (to부정사가 형용사 역할을 할 때 '-thing' 뒤에 위치함)

2) We have a lot of time to discuss this matter.
우리는 이 문제에 대해 의논 할 시간이 많다.

3) The pilot made an attempt to land.
조종사는 착륙을 시도했다.

4) Tony and I are to meet at the office.
토니와 나는 사무실에서 만날 예정이다. (예정_형용사 역할로 'be + to부정사' 형태가 많이 쓰임)

5) They are to be married next month.
그들은 다음 주에 결혼 할 거다. (예정)

failure : (명) 실패
opportunity : (명) 호기, 기회
more : (부) 《many, much의 비교급》 더 (많이, 크게)
intelligent : (형) 이기적인, 총명한

A : What are you planning to do this weekend?
B : I'm going to an art exhibition with my girlfriend.
A : 이번 주말에 무엇을 하실 예정입니까?
B : 여자 친구와 함께 미술관을 가기로 했어요.

실패를 만회하는 법 3가지.
첫째, 실패를 깨끗이 인정할 것.
둘째, 실패로부터 철저히 배울 것.
셋째, 실패를 반복하지 말 것.

넘어짐으로써 안전하게 걷는 법을 배운다.

By falling,
we learn to walk safely.

A : Be careful. It's hot.
B : Yes. Do you have any cold water to drink?
A : 조심하세요. 그거 뜨거워요.
B : 예, 시원하게 마실 물 없습니까?

Checking Grammar 동명사 falling

'동사 + ing'을 붙여 명사와 같은 역할을 하는 동명사는
원래 동사가 가지고 있던 느낌을 가지고 있습니다.
따라서 동명사는 명사와 동사의 성격을 동시에 가지고 있기에
표현에 있어 생동감을 더해 줍니다.

동명사는 문장에서 주어, 목적어, 보어의 역할을 하며,
전치사의 목적어로도 쓰입니다.

〈 동명사의 4가지 역할 〉

1) 주어로
Having a good habit is important.
좋은 습관을 갖는 것은 중요하다.
Playing badminton is fun.
배드민턴 경기는 재미있다.

2) 목적어로
Ann finished typing before lunch.
앤은 점심 전에 타이프치기를 끝냈다.
It stopped raining when I arrived at school.
내가 학교에 도착했을 때 비가 그쳤다.

3) 보어로
His job is drawing cartoons.
그의 직업은 만화를 그리는 것이다.

4) 전치사의 목적어로
My English was improved by watching TV.
내 영어는 TV 시청에 의해 향상되었다.
After working, I drank a cup of coffee.
일을 끝낸 후, 나는 커피 한 잔을 마셨다.

fall : (동) 떨어지다, 넘어지다.
learn : (동) 목적어로 to부정사를 갖는다.

누군들 힘들이지 않고 성공하고 싶지 않겠어요.

Failure is defined by our reaction to it.

실패는 우리가 어떻게 실패에 대처하느냐에 따라 정의됩니다.
-오프라 윈프리-

A : I heard that Oprah Winfrey has lunch with a different person everyday.
B : Yes. I read her autobiography as well. She really is an amazing person.
A : 오프라 윈프리는 매일 다른 사람과 점심식사를 한다는 데요.
B : 예, 저도 그녀의 자서전을 읽었습니다. 그녀는 정말 위대한 인물입니다.

Checking Grammar 수동태 is defined

수동태 문장의 표시는 'be동사 + 과거분사'입니다.
be동사는 am, are, is, was, were, be 까지 모두 여섯,
과거분사(p.p)는 동사의 수만큼 많이 있습니다.

보통의 문장은 거의 능동태이고, 해석은 '(주어가) ~하다.'
반면 수동태 문장은 '(주어가) ~당하다, ~되다.'의 의미를 갖습니다.
능동태의 주어는 수동태 문장에서 전치사 by 뒤에 목적어로 옵니다.

〈 수동태 〉

1) 현재를 나타낼 때 : am(are, is) + 과거분사
That company manufactures chocolates. (능동)
그 회사에서 초코릿을 생산한다.
Chocolates are manufactured by that company. (수동)

2) 과거를 나타낼 때 : was(were) + 과거분사
Peter carried my suitcase. (능동)
피터가 내 여행가방을 운반했다.
My suitcase was carried by Peter. (수동)

3) 미래를 나타낼 때 : will be + 과거분사
Mr. Smith will teach history. (능동)
스미스씨가 역사를 가르칠 것이다.
History will be taught by Mr. Smith. (수동)

failure : (명) 실패
define : (동) (말·개념) 정의하다.
reaction : (명) 반응

운이란 때라고 생각한다.
확실히 좋은 때 나쁜 때는 있다.
그러나 좋은 때라고 해서 손 놓고 앉아 놀아도
마당으로 호박이 혼자 굴러 들어와 주는 것은 아니며
나쁜 때라고 해서 죽을힘을 다해 노력해도
더 나쁜 결과를 맞게 되는 것은 아니다.
-정주영-

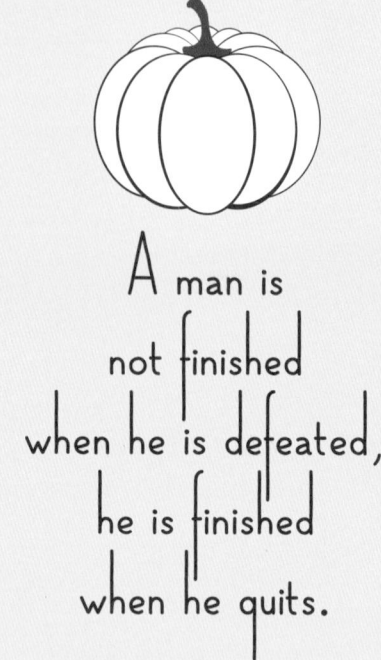

A man is
not finished
when he is defeated,
he is finished
when he quits.

인간은 패배하였을 때 끝나는 것이 아니라
포기하였을 때 끝나는 것이다.
-닉슨 대통령-

A : Isn't it too early to give up?
B : You're right. We can give up anytime we want to. So, let's give it another try(go)!
A : 포기하기엔 아직 이르지 않겠습니까?
B : 맞아. 포기는 언제라도 할 수 있으니까 한 번 더 해보자!

Checking Grammar 부사절 when he is defeated, when he quits

부사는 동사, 형용사 또는 다른 부사, 문장 전체를 꾸며 주며, 부사절은 문장(절)이 부사역할을 하는 것으로써, 시간절(when, after, before, while, since로 시작하는 절)과 If절 등이 있습니다.

〈 두 문장을 시간절(부사절)을 이용해서 한 문장으로 만들기 〉

먼저 일어 난 상황 : I was eating lunch. 나는 점심을 먹고 있었다.
나중 상황 : Jane called me. 제인이 나에게 전화했다.

when으로
When Jane called me, I was eating lunch.
제인이 나에게 전화했을 때, 나는 점심을 먹고 있었다.

먼저 일어 난 상황 : I made a cup of coffee. 나는 커피 한 잔을 탔다.
나중 상황 : I watched TV. 나는 TV를 봤다.

1) after로
After I made a cup of coffee, I watched TV.
나는 커피 한 잔을 만든 후에, TV를 봤다.

2) before로
I made a cup of coffee before I watched TV.
TV를 보기 전에 나는 커피 한 잔을 만들었다.

이처럼 완벽했던 문장이 When, After, Since, Because, While, If를 만나 뭔가 부족해진 불완전한 절(문장)로 변한 것을 '부사절'이라 하며 다른 말로는 '종속절'이라고도 합니다. 그리고 부사절 뒤 또는 앞에 나오는 문장을 '주절'이라 하며 주절과 종속절은 위치를 바꾸어도 됩니다.

주절 + 부사절(종속절). 또는 부사절(종속절) + (,) + 주절. 순으로 쓰며, 부사절이 문장 앞에 오면 꼭 comma(,)를 부사절 끝에 해야 합니다.

finish : (동) 끝내다, 완료(완성)하다.
defeat : (동) …을 패배 시키다.
quit : (동) (하던 것을) 멈추다, 중단하다.

가만히 앉아서
이 책을 눈으로만 본다면
실수하시는 겁니다.
입은 두었다 뭐하시게요.
소리 내어 읽어 주시면
참 고맙겠습니다.

Anyone who has never made a mistake has never tried anything new.

한 번도 실수한 적이 없는 사람은
한 번도 새로운 것에
도전해 본 적이 없는 사람이다.

−아인슈타인−

A : Who is the greatest physicist of the twentieth century?
B : Isn't it Einstein?
A : 20세기 가장 위대한 물리학자가 누구일까요?
B : 아인슈타인 아닌가요?

Checking Grammar 현재완료 has made, has tried

한국 사람이 헷갈리고 어려워하는 문법-완료.
영어권 사람들의 머릿속에는 '과거가 두 개'인데 하나는 단순과거,
또 하나는 '과거에 있던 일이 현재까지 연결된 '완료'라는 것입니다.

현재완료의 모양은 have(has) + 과거분사(p.p)로
현재완료는 해석은 '현재까지 ~했다.'로 해석하는 것이 좋습니다.

명언에 있는 Anyone who has never made a mistake has never tried anything new.는
"(현재까지) 한 번도 실수한 적 없는 사람은 (현재까지) 한 번도 새로운 것에 도전해 본 적이 없는
사람이다."처럼 완료형이 있는 문장은 '현재까지'를 마음속에 넣어 두고,
해석하는 것이 좋습니다. 여기서도 have가 아닌 has가 나온 것은
주어가 3인칭 단수이기 때문이며, 현재완료형에서 부사의 위치는
have(has) + 부사 + 과거분사(p.p) 순입니다.

1) 과거의 명확하지 않은 시점에서 시작해서 지금 전 까지 발생된 활동들이나 상황들을 표현
Tim has already eaten dinner. 팀은 이미 저녁을 먹었다.

I have never met him at a meeting. 나는 그를 회의에서 한 번도 만난 적이 없다.

2) 명확하지 않은 과거 시간에서 어떤 활동들이 여러 번 또는 많이 반복된 것의 표현
I have seen that movie three times. 나는 저 영화를 3번 봤다.

We have had four exams so far this week. 우리는 이번 주에 지금 까지 시험 4개를 봤다.

3) 어떤 상황들이 과거에서 시작해서 지금까지 계속되고 있다는 표현
Bob has known Jim for five years. 밥은 짐을 5년 동안 알고 지냈다.

Ann has worked in this bank for ten years. 앤은 이 은행에서 10년간 일하고 있다.

I've been here since nine o'clock this morning. 나는 오늘 아침 9시부터 여기에 있었다.

anyone : 누군가, 누구도. 항상 단수형 동사를 취한다.
never : (부) 전혀… 않다. 결코 (…하지) 않다.
mistake : (명) 잘못, 실수
anything : (부정문, 의문문에서) 아무것도, 어떤 일도.

Try ♣ Courage
시도 ♣ 용기

좋게 만들 수 없다면
적어도 좋아보이게 만들어라. -빌 게이츠-

**If you can't make it good,
at least make it look good.**

if : (접속사) …이라면, 만일 … 이면 / can : (조동사) [+동사 원형] …할 수 있다. 부정어 : can not
at least : 최소한, 적어도

Do your best, and God will do the rest.
최선을 다하고 그 나머지는 신에게 맡겨라. 진인사 대천명 盡人事待天命 -격언-

best : (명) 최선의 노력 / **rest** : (명) 나머지, 아직 남아 있는 것.

A burden of one's own choice is not felt.
스스로 선택한 짐은 무겁게 느껴지지 않는다. -서양 속담-

burden : (명) 무거운 짐. / **own** : (대명사) 자기 자신의 / **choice** : (명) 선택

Anything's possible if you've got enough nerve.
용기만 충분히 있다면 못 해낼 일이란 없어요. -조앤 롤링-

anything : 무엇이든, 뭐든지 / **possible** : (형) 있음직한, 가능한
nerve : (명)용기, 담력 / **enough** : (부) (필요한 만큼) 충분한, 족한 (enough+명사)

Small opportunities are often the beginning of great enterprises.
작은 기회로부터 종종 위대한 업적이 시작된다. -데모스테네스-

opportunity : (명) 호기, 기회 / **often** : (부) 종종, 자주
beginning : (명) 시작, 첫 시점 / **enterprise** : (명) 기업체, 회사

Destiny is not a matter of chance; it is a matter of choice.
It is not a thing to be waited for, it is a thing to be achieved.
운명은 기회의 문제가 아니라 선택의 문제이다.
그것은 기다려서 되는 것이 아니라 성취해 가는 것이다. -윌리엄 브라이언-

destiny : (명) 운명, 숙명 / **matter** : (명) (어떤) 문제 / **chance** : (명) 운, 기회
choice : (명) 선택 / **wait** : (동) [for] 기다리다. / **achieve** : (동) …을 성취하다. 달성하다.

시작하기전에 끝을 생각하라.

Think of the end before you begin.

before : (접속사) …보다 이전에

**Courage is resistance to fear,
mastery of fear - not absence of fear.**
용기란 두려움에 대한 저항이고, 두려움의 정복이다. 두려움이 없는 게 아니다.
-마크 트웨인-

resistance : (명) 저항 / fear : (명) 공포, 두려움 / mastery : (명)(…에 대한) 지배[통제]
absence : (명) 불참, 없음

**I'm as proud of what we don't do
as I am of what we do.**
우리가 이룬 것만큼, 이루지 못한 것도 자랑스럽습니다. -스티브 잡스-

as … as : 《비교에 쓰여》 … 만큼, [as + 형용사/부사 + as]
proud : (형) [+ of] 자랑하는, 자랑으로 여기는

The most important tip is to go into something that you love because you'll learn much quicker.

가장 중요한 것은 자신이 사랑하는 일에 뛰어 들어야 한다는 것이다.
그래야 빨리 배울 수 있기 때문이다. -도널드 트럼프-

because : (접속사) …한 이유로(때문에) / tip : (명) 조언, 암시
go into : (장소·직업 등에) 들어가다, 취업하다.

**If you think you can, or
you think you can't you're right.**

할 수 있다고 생각하면 할 수 있고, 할 수 없다고 생각하면 할 수 없다.

can : (조동사) [+동사원형]《현재·미래의 능력이나 가능성을 나타낼 때》…할 수 있다.
부정어 : can't, can not / or : (접속사) (일련의 가능성에 써서) …이든지…, 또는 …., 혹은 …

**If I had my life to live over...
I'd dare to make more mistakes next time.**

인생을 다시 산다면 다음번에는 더 많은 실수를 저지르리라. -나딘 스테어-

over : (부) (반복을 나타냄) 다시 / dare : (동) 대담하게도 …하다, 감히 … 하다.
more : (부)《many, much의 비교급》더 (많이, 크게)

**Live as brave men; and if fortune is adverse,
front its blows with brave hearts.**

용기 있는 자로 살아라. 운이 따라주지 않는다면 용기 있는 가슴으로 불행에 맞서라. -키케로-

as : (전) …으로(는) / brave : (형) 용감한, 강인한 / fortune : (명) 운, 행운
adverse : (형) (목적·취지에) 반대하는 / its : it의 소유격 / blow : (명) 강타, 뜻밖의 재해(불행)
front : (동) (…을) 향하다, (…에) 면하다.

Only those who dare to fail greatly can ever achieve greatly.

크게 실패할 용기 있는 자만이 크게 이룰 수 있습니다. -존 F. 케네디-

only : (부) 단지, …만 (관련어구 앞에 놓을 것)
those : that의 복수형
dare : (동) 대담하게(감히)…하다.
fail : (동) (…에) 실패하다.
achieve : (동)… 을 성취하다, 달성하다.

실패가
불가능한 것처럼
행동하라.

Act as if it were impossible to fail.

act : (동) 행동(실행)하다. / as if also as though : (접속사) 마치 …인 것처럼
impossible : (형) 불가능한, 있을 수 없는

A ship in the harbor is safe, but that is not what ships are built for.

항구에 정박해 있는 배는 안전하다.
그러나 배는 항구에 묶어 두려고 만든 것이 아니다. -존 쉐드-

harbor : (명) 항구

If I have lost confidence in myself, I have the universe against me.

내 자신에 대한 자신감을 잃으면 온 세상이 나의 적이 된다. -랄프 월도 에머슨-

if : …이라면, 만일 …이면 / **lose** : (동) …을 잃다, 잃어버리다. lose-lost-lost
confidence : (명) 신뢰, 믿음. / **universe** : (명) 우주, 삼라만상 / **against** : (전) …쪽으로, …에 반대하여.

Self-confidence has always been the first secret of success.

자신감은 언제나 성공의 첫 번째 비결이 되어 왔다. -마크 트웨인-

self-confidence : (명) (일을 함에 있어서의) 자신(감). / **always** : (부) 언제나, 항상

Courage is doing what you're afraid to do. There can be no courage unless you're scared.

용기란 두려워하는 일을 하는 것이다. 두렵지 않으면 용기도 있을 수 없다. -에디 리켄바커-

courage : (명) 용기 / **afraid** : (형) …을 두려워하는 / **no** : 조금도[전혀]…않다
unless : (접속사) …하지 않으면

We could never learn to be brave and patient, if there were only joy in the world.

이 세상에 기쁜 일만 있다면 용기도 인내도 배울 수 없을 것이다. -헬렌 켈러-

could : (조동사) [+동사원형] 《can의 과거형》
learn : (동) 목적어로 to부정사를 갖는다. …를 배우다. 익히다.
brave : (형) 용감한, 강인한 / **patient** : (형) 인내심이 있는 / **if** : (접속사) …라면, 만일 …이면

109

영어비빔밥

HELP YOURSELF

CHAPTER 5

완숙된 계란프라이를
밥위에 얹는다.

HOPE

You are built not
to shrink down
to less but
to bloom into more.

당신은 움츠리기보다
활짝 피어나도록
만들어진 존재입니다.

<해리포터>의 작가 조앤 롤링이 말한
하버드대 졸업식 축사 중 한 구절입니다.

"실패는 삶에서 불필요한 것들을 제거해 줍니다.
나는 내게 가장 중요한 작업을 마치는데 온 힘을 쏟아 부었습니다.
스스로 기만하는 일을 그만두고 정말 중요한 일을 시작하십시오."

Behind the clouds is the sun still shining.

구름 뒤에선 태양이 빛나고 있다. -서양 속담-

A : Do you know how many Harry Potter books got sold world-wide?
B : As far I'm concerned, around 400 million copies.

A : 해리포터가 전 세계적으로 몇 부나 팔렸는지 아세요.
B : 제가 알기에는 4억 부 이상인 것으로 알고 있습니다.

Checking Grammar 정관사 the

관사에는 부정관사 'a, an'와 정관사 'the'가 있습니다.
정관사는 셀 수 있는 명사(단수, 복수), 셀 수 없는 명사에 모두 쓸 수 있습니다.

Open the window. 창문을 여세요.
창문을 열라고 시키는 사람과 창문을 닫게 될 사람이
서로 같이 아는 바로 '그' 창문. 이처럼 가리키는 게 분명하고 뚜렷할 때
the를 쓰며, 부정관사처럼 정관사 the도 사용이 여럿입니다.

1) 앞에 나온 명사를 뒤에 다시 말할 때
I had a banana. I bought the banana in the market yesterday.
나는 바나나를 먹었다. 나는 어제 시장에서 그 바나나를 샀다.

2) 세상에 단 하나밖에 없는 것
the sun, the moon, the earth, the sky, the world, the north, the east

3) 구나 절이 형용사처럼 앞의 명사를 꾸며 줄 때, 명사 앞에 'the'를 씁니다.
The fruit on this plate is rotten. 이 접시의 과일은 썩었다.
The words in this book are easy. 이 책의 단어는 쉽다.

4) 고유명사 앞에
the East Sea 동해, the Dokdo 독도,
the Pacific Ocean 태평양, the Alps 알프스산맥
*참고로 산맥 앞에는 the를 붙이지만
산에는 the를 붙이지 않습니다. Mountain Nam-san 남산

5) the + 형용사는 보통명사의 복수
the old (= old people_노인들), the rich (= rich people_부자들)

6) 공공의 개념이 들어 있는 명사 앞에
the park, the beach, the museum, the library, the city hall

7) 연방국가나 섬으로 이루어 나라 앞에
the United States 미국, the Philippines 필리핀

8) 철도나 항공기 이름 앞에
the KTX, the Korean Airline, the Asiana Airline

9) 신문이나 잡지 이름 앞에
the Washington post, the New York Times, the Vogue

behind : (전) …의 뒤쪽에, 뒷면에
still : (부) 여태, 여전히, 아직도
shine : (동) 비치다, 빛나다.

조금 일하고
많이 벌고 싶은 것은 아닐까?
최선을 다하지 않으면서
최고가 되길 바라는 것은 아닐까?

HOPE IS A WAKING DREAM

희망은 깨어있는 꿈이다.
-아리스토텔레스-

A : Can you recommend a philosophy book?
B : Eastern or western philosophy?
A : 철학책 좀 추천 좀 해주시겠어요?
B : 동양철학이요, 아니면 서양철학?

Checking Grammar 형용사 waking

"형용사는 명사를 수식(묘사)한다."
모든 문법책에 나오는 말입니다.

pretty girl, clean room, dirty space, long face, short leg,
hot water, cold water, big bag, kind man, happy day, unhappy day,
blue jacket, red carpet, yellow banana, honest boy, good attitude, round face …
예쁜 소녀, 깨끗한 방, 더러운 공간, 긴 얼굴, 짧은 다리, 뜨거운 물, 차가운 물, 큰 가방, 친절한 남자,
행복한 날, 불행한 날, 파란 재킷, 레드 카펫, 노란 바나나, 정직한 소년, 좋은 태도, 둥근 얼굴 …

1) 형용사는 명사 앞에서 명사를 꾸밉니다.
The tall man wore a red hat.
키가 큰 남자가 빨간 모자를 썼다. (tall, red)

I always wear comfortable shoes.
나는 항상 편안한 신발을 신는다. (comfortable)

The boy has small teeth.
그 소년은 작은 치아를 가지고 있다. (small)

2) 형용사는 be동사 뒤에 바로 와서 그 문장의 주어에 대해 설명합니다.
즉, 문장에서 보어로 쓰입니다.

His car is white.
그의 자동차는 흰색이다. (white)

The house is huge.
그 집은 매우 크다. (huge)

This book is heavy.
이 책은 무겁다. (heavy)

*명사가 명사 앞에 와서 형용사 역할을 합니다.
a rose garden, a history book.

*형용사는 '관사(소유격) + 부사 + 형용사 + 명사' 순입니다.
my very beautiful bride. (나의 매우 아름다운 신부)

hope : (명) 희망, 소망 [가능한 희망에는 hope를, 불가능한 희망에는 wish를 쓴다.]
waking : (형) 깨어있는(자지 않는) 시간의

생각이 마음에 담기면 그 사람을 지배한다고 합니다.
기왕이면 좋은 생각, 가치 있는 생각을 합시다.

Think like a man of action and act like man of thought.

행동하는 사람처럼 생각하고,
생각하는 사람처럼 행동하라.

A : Aren't you giving this too much thought?
B : I'm just checking all the possibilities.
　A : 너무 오래 생각 하는 건 아닙니까?
　B : 여러가지 가능성을 체크해 보는 겁니다.

Checking Grammar 접속사 and

접속사는 영어로 Conjunction (결합함, 연합, 연결)입니다.
단어와 단어, 구와 구, 절과 절을 이어주는 다리역할을 하는 접속사는

첫째, 단어와 단어를 연결합니다. (단어 + and + 단어)
Jim and I are in the same class.
짐과 나는 같은 반이다.

둘째, 구와 구를 연결합니다. (구 + or + 구)
I couldn't decide whether to go to Jeju island by airplane or by ship.
나는 제주도에 비행기로 갈지 배로 갈지 정할 수 없었다.

셋째, 절과 절을 연결합니다. (절 + but + 절)
I called Jim last night, but he didn't answer.
나는 어제 밤에 짐에게 전화했는데, 그는 받지 않았다.

등위접속사는
서로 대등한 입장을 이어주는 접속사로 우리가 많이 아는
and 그리고, but 그러나, or 또는, so 그래서, for ~ 때문에, 이유 등이 있으며,
and가 쓰인 예를 좀 더 보겠습니다.

I put milk and sugar in my coffee.
나는 내 커피에 우유와 설탕을 넣었다. (2개의 명사를 and로 연결 시 comma를 하지 않는다.)
I put milk, sugar, and ice in my coffee.
나는 내 커피에 우유, 설탕, 그리고 얼음을 넣었다. (3개의 명사를 and로 연결 시 comma를 한다.)
I ate a pancake and drank a glass of milk.
나는 팬케익을 먹고 우유 한잔을 마셨다. (2개의 동사를 and로 연결 시 comma를 하지 않는다.)
I watched a drama on TV, and my husband cooked noddles.
나는 드라마를 보았고, 남편은 국수를 요리 했다. (2개의 독립된 문장을 연결 시 and앞에 comma를 한다.)

like : (전) …과 같은 방법으로
action : (명) 활동, 움직임, 실행
thought : (명) 생각하기, 사고, 사색, 사상

당신이 넘어지지 않는 건
잘 걸어서가 아니라
달리지 않아서 그런 것은 아닌지요?

YOU ARE BUILT NOT TO
SHRINK DOWN TO LESS
BUT TO BLOOM
INTO MORE.

당신은 움츠리기보다
활짝 피어나도록
만들어진 존재입니다.
-오프라 윈프리-

A : How long do you think it'll take for the flower to bloom?
B : Within ten days, maybe.
A : 꽃이 피려면 얼마나 더 걸릴 것 같아요?
B : 열흘 내로 필 것 같은데요.

Checking Grammar 접속사 not A but B

동등한 역할의 단어와 단어, 구와 구를 연결하는 접속사 중에는 not A but B처럼 짝을 이루는 것들이 있는데 이런 접속사를 상관접속사라고 합니다.

〈 상관접속사 〉

1) not A but B : A가 아니라 B이다.
She is not my sister but my girlfriend.
그녀는 내 동생이 아니라 내 여자 친구다.
I went to the hospital not to be treated but to visit my aunt.
나는 치료받으러 병원에 간 것이 아니고 숙모를 병문안 간 것이다.

2) either A or B : A나 B 둘 중에 하나. (B의 주어에 맞게 동사를 정함)
Either you or I have to stay in the car.
너나 나 둘 중에 한명은 차에 남아 있어야 해.

3) 부정문은 neither A nor B : A도 B도 아니다.
Maybe he likes neither coffee nor tea.
아마도 그는 커피도 차도 좋아하지 않을 것이다.

4) not only A but (also) B : A뿐만 아니라 B도 (B의 주어에 맞게 동사를 정함)
The weather was not only hot but also humid.
날씨는 무더웠을 뿐만 아니라 눅눅했다.

5) both A and B : A와 B 둘 다 모두 (둘 다 이므로 주어가 복수)
Both the apple and the orange on the plate were rotten.
접시 위에 있는 사과와 오렌지 둘 다 모두 썩었다.

명언에 나온 말처럼 움츠리기 보다는
활짝 피어나는 당신이기를 기원합니다.

build : (동) 만들어 내다, 짓다.
shrink : (동) 줄게 하다.
less : 《little의 비교급》 보다 적은
but : (접속사) 그 대신에, (…이) 아니고
bloom : (동) 꽃피다, 개화하다.

기쁘게 일하고
자신이 한 일을 기뻐하는 사람은 행복하답니다.
이번 연말, 수고한 자신에게 상장을 수여하면 어떨까요?

THE GREATEST HAPPINESS OF MEN IS HOPE.

인간 최대 행복은 희망을 갖는데 있다.
-서양 속담-

A : Long time no see. How have you been?
B : You're right. I've been good.
A : 오래간만입니다. 그동안 어떻게 지내셨어요?
B : 정말 그렇군요. 잘 지냈습니다.

Checking Grammar 비교 greatest

우리말로 '좋다'라는 말을 비교할 때는
'~ 좋다.' '~더 좋다.' ~중에 가장 최고다.'라고 표현하듯이,
영어도 기본적인 원급 이외에 비교급과 최상급을 따로 두어 사용합니다.

우리가 잘 아는 단어 best는
good(좋은) – better(더 좋은) – best(최상의) 에서 온 것으로
원급인 good의 최상급입니다. (good – better – best)
*불규칙하게 변한 비교이며 well – better – best 로도 변합니다.

비교급은 형용사와 부사를 다른 것과 비교할 때 쓰는 표현 방법으로,
대부분의 비교급 형태는 일정한 규칙을 갖고 변하지만 (어미에 –er을 붙이거나 앞에 more를 붙임)
불규칙하게 변하는 것도 있습니다.

1) 비교급을 만드는 기본 형태 : 보통은 형용사나 부사 뒤에 –er을 붙여 '더 ~하다'의 뜻
tall – taller / small – smaller / cheap – cheaper / long – longer / hard – harder / old – older

2) e로 끝나는 단어는 그냥 –r만 붙입니다. (영어는 중복을 무척 싫어합니다)
wise – wiser / cute – cuter / large – larger / nice – nicer / late – later

3) '자음 + y'로 끝나는 말은 y를 i로 고치고 –er을 붙입니다.
easy – easier / busy – busier / happy – happier / heavy – heavier / pretty – prettier

4) '단모음 + 자음'으로 끝나는 말은 어미의 자음을 한 번 더 쓰고 난 후에 –er을 붙입니다.
hot – hotter / big – bigger / thin – thinner

5) 단어 끝이 –ful, –able, –less, –ous 등으로 끝나거나, 3음절 이상의 긴 단어는 more를 붙입니다.
useful – more useful / famous – more famous / difficult – more difficult
beautiful – more beautiful

greatest : great 의 최상급.
the + 최상급 + 명사 + **of:** …중에 가장 ~하다.
happiness : (명) 행복, 기쁨
hope : (명) 희망, 소망 [가능한 희망에는 hope를 불가능한 희망에는 wish를 쓴다]

기다림이
재앙보다는 낫답니다.

I AM EXTRAORDINARILY PATIENT, PROVIDED I GET MY OWN WAY IN THE END.

LOADING...

결국 내 뜻대로만 된다면
나는 얼마든지 기다릴 수 있다.
-마가릿 대처-

A : Please wait in the meeting room.
B : Could you get me some water to drink?

A : 회의실에서 기다려 주세요.
B : 마실 물 좀 주시겠어요?

Checking Grammar 부사 extraordinarily

부사는 영어로 Adverb(Ad + verb)로 동사와 밀접한 관계가 있습니다.
부사는 동사는 물론 형용사, 다른 부사, 문장 전체를 꾸며주는 역할을 합니다.

1) 동사를 꾸미거나 :
My puppies always like to play with a ball. 나의 강아지들은 항상 공을 가지고 노는 것을 좋아한다. (always)

2) 형용사를 꾸미거나 :
My puppy is so playful. 내 강아지는 정말 잘 논다. (so)

3) 부사를 꾸미거나 :
His dogs want to play with him very much. 그의 강아지들은 그와 놀이하는 것을 매우 원한다. (very)

4) 문장 전체를 꾸미기도 하며 :
Unfortunately, they are busy all the time. 유감스럽게도 그들은 항상 바쁘다. (unfortunately)

〈 부사의 종류 〉

1) 장소를 말하는 부사
here, there, away, far, near, in … 등 장소를 말하는 것과 관련이 있고,
My sister lives far away. 언니는 먼 곳에 살고 있다. (away : 떠나서)

2) 시간을 말하는 부사
yesterday, after, before, ago, now, then, last … 등 시간과 관련 있어 보이는 것.
Kate arrived last. 케이트가 마지막에 도착했다. (last : 마지막에)
I've seen you before. 나는 전에 당신을 본 적이 있다. (before : 전에, 이전에)

3) 빈도를 말하는 부사
always, sometimes, usually, often, frequently, never … 등 빈도를 말하는 것이 있습니다.
Sometimes I go to work by taxi. 나는 가끔 택시를 타고 직장에 간다. (Sometimes)

4) 의문문에 쓰는 의문부사
When (언제), Where (어디에), How (어떻게, 얼마나), Why (왜) 등.
How old are you? 너는 몇 살이니? Why did you leave? 왜 떠났니?
Where are you? I am in the bus stop. 어디 있어? 버스 정류장에 있어요.

extraordinarily : (부) 보통 아니게, 비상하게
patient : (형) 인내심이 있는 patiently : (부) 인내심 있게
provided : (접속사) (=provided that) 만약…이면
get one's own way : (남들을 무시하고) 자기가 원하는 것을 하다.(얻다)

지금 행복하지 않아도
언젠가는 행복해 질 거라 믿는 것이
'희망'이 내민
'정신적인 지푸라기' 아닐는지요.

NEVER DEPRIVE SOMEONE OF
HOPE
IT MIGHT BE ALL THEY HAVE.

절대 누군가에게서 희망을 빼앗지 말라.
가진 것의 전부일 수도 있으니.
-잭슨 브라운 주니어-

A : Can we meet again?
B : Sure. Any time.
A : 다시 만날 수 있을까요?
B : 좋아요. 언제든지.

Checking Grammar 조동사 might

조동사는 '동사가 가진 번거로운 수고를 덜어 주는 일'을 합니다.
여기서 말한 '번거로운 수고를 덜어 준다는 것'은 인칭에 따른 동사의 변형 즉,
주어가 3인칭 단수인 경우, 동사 뒤에 -s나 -es를 일일이 붙이지 않아도 된다는 것, 그리고
시제에 따라 과거형으로 써야 할 경우 조동사만 과거로 바꿔 주면 된다는 것입니다.

may의 뜻은 허가의 의미로
'~해도 좋다.' 라는 뜻과 추측의 의미인 '~일지도 모른다.'
라는 두개의 뜻이 있습니다.

명언에 있는 might는 may의 과거형이며,
여기서의 뜻은 '추측'의 의미인 '~일지도 모른다.' 로 쓰였고,
be는 그 자체가 be동사의 원형입니다.
may의 부정은 may not (~해서 는 안 된다. must not= mustn't)입니다.

'~해도 좋다'는 뜻으로 쓰이는 may.
May I use the bathroom? 제가 화장실을 사용해도 될까요? (허가)
Yes, you may. 예, 그러세요.

주의 할 점은 Yes로 대답 했을 때는 뒤에 대답도 언제나 긍정으로,
No로 대답했을 때는 뒤에도 반드시 부정(not)으로 해야 합니다.

'~일지도 모른 다'란 뜻으로 쓰이는 may.
Where is John now? 존은 지금 어디에 있나요?
I don't know. He may be at the bank. 모르겠네요. 그는 은행에 있을 지도 몰라요. (추측, 가능성)

might : (조동사) [+동사 원형] 《가능성을 나타내어, may의 과거형》 …일지도 모른다. 현재와 미래의 가능성,
추측의 뜻을 갖는 조동사 might는 50% 정도의 확신이 들 때 쓴다.
never : (부) 전혀 (결코 …하지) 않다.
deprive somebody of something : 〈…에게서〉 (…을)빼앗다[박탈하다].
hope : (명) 희망, 소망 [가능한 희망에는 hope를 불가능한 희망에는 wish를 쓴다.]

해 보기나 했어?
-정주영-

It is difficult to say what is impossible, for the dream of yesterday is the **hope** of today and the reality of tomorrow.

불가능이 무엇인가는
말하기 어렵다.
어제의 꿈은
오늘의 희망이며
내일의 현실이기 때문이다.

A : Change the 'g' to 'c' in the word 'change'.
B : Ah-ha. Chance. Thank you.
A : Change 의 g을 c로 바꾸어 보세요.
B : 아~하. Chance. 감사해요.

Checking Grammar to 부정사 to say. 가주어 It

to부정사(to + 동사원형)는 명사의 역할을 합니다. (주어, 보어, 목적어)
to부정사가 있는 주어부분이 길면 문장 뒤로 보내고,
가주어 It을 문장 맨 앞에 씁니다.
이때 It은 문장 끝의 to부정사구와
같은 의미를 가지고 있습니다.

이유라면 영어는 긴 주어를 싫어하기 때문입니다.
여기서 it은 아무 뜻이 없는(해석이 없는)
형식상의 주어(가주어=가짜 주어)입니다.

명언의 앞부분에 있는 문장을 원래대로 하면
To say what is impossible is difficult 이었지만,

주어가 너무 긴 이유로 가주어 It을 앞에 대신 써서
It is difficult to say what is impossible이 된 것입니다.

it : 《형식주어로 뒤에 따르는 진 주어를 받는데 써서》
impossible : (형) 불가능한
for : (접속사) 《문장의 main part 뒤에 써서 (for 앞에 comma(,)를 한다)》 그리고 그 이유는 …이다.
hope : (명) 희망, 소망 [가능한 희망에는 hope를 불가능한 희망에는 wish를 쓴다.]

L...IF...E
Life란 단어에
if가 있었다는 것을 얼마 전에 알았습니다.
인생을 알기에 너무 어린 나이에 외운 단어지만
그 후 수십 년 지나도록 무관심했고
누구도 알려 주지도 않았습니다.
삶에는 언제나 가능성이 있다는 것을
더 일찍 알았더라면 좋았겠지만
지금이라도 알았으니 얼마나 다행한 일입니까?

WHILE THERE'S LIFE, THERE'S HOPE.

삶이 있는 한 희망은 있다.
−키케로−

A : How's the date with her going?
B : So far so good.
A : 그녀와의 데이트는 잘 돼가?
B : 아직까지는 괜찮아. (= 현재까지는 좋아)

Checking Grammar 부사절 while there is life

부사는 영어로 Adverb!
즉 부사의 성격은 동사에 더하고 보태는 역할로
부사는 동사, 형용사 또는 다른 부사, 문장 전체를 꾸며 주며,
부사절은 문장의 형태로 부사의 성격과 같은 역할을 하는 것입니다.

When, After, Since, Because, While, If 등이 문장 앞에 오면
완벽했던 문장이 뭔가 부족한 문장으로 바뀝니다.

3형식의 문장 '주어 + 동사 + 목적어 / (전치사 + 명사)'으로 예를 들면,
I fixed the car in the garage. 나는 차고에서 차를 고치고 있었습니다.
She saw me on the street. 그녀가 나를 거리에서 보았습니다.
When이나 After를 문장 앞에 붙이면,
When I fixed the car in the garage, 내가 차고에서 차를 고치고 있을 때,
After she saw me on the street, 그녀가 나를 거리에서 본 후에,

가 되어 완벽했던 문장이 무언가 불완전한 내용으로 바뀌게 됨을 알 수 있습니다.
계속 말을 이어보면,

While I was fixing the car in the garage, she was cooking.
내가 차고에서 차를 고치고 있는 동안 그녀는 요리를 하고 있었습니다.

After she saw me on the street, she shouted at me.
그녀는 거리에서 나를 알아 본 후에 내게 소리쳤습니다.

부사절은 이처럼 내용상 부족한 것으로 꼭 주절을 필요로 하며,
부사절 (다른 말로는 '종속절') 과 함께 쓰이는 문장을 '주인이 되는 문장, 즉 '주절'이라 합니다.
주절과 종속절은 위치를 바꾸어도 되지만 중요한 것은
부사절이 주절보다 앞에 올 때는 부사절 끝에 반드시 comma(,) 표시를 해야 합니다.

She was cooking while I was fixing the car in the garage.
(주절이 부사절보다 앞에 온 경우)

After she saw me on the street, she shouted at me.
(부사절이 절보다 앞에 온 경우)

명언에 있는 while은 시간의 부사절을 이끄는 접속사이며
부사절은 불완전한 절이어서 주절을 꼭 필요로 한다는 것을 기억해 주십시오.

hope : (명) 희망, 소망 [가능한 희망에는 hope를 불가능한 희망에는 wish를 쓴다.]

지금 당신 모습이
10년 뒤의 당신 모습이라면
기분이 어떨지
무척 궁금합니다.

HE WHO HAS NEVER HOPED CAN NEVER DESPAIR.

희망을 품지 않은 자는
절망도 할 수 없다.
-조지 버나드 쇼-

A : How can I contact (reach) you?
B : Call me at my office.
A : 어떻게 연락드리면 될까요?
B : 제 사무실로 전화 주십시오.

Checking Grammar 형용사절 who has never hoped

형용사절은 절(문장)이 형용사 역할을 하는 것입니다.
I met a man who worked at the post office in the neighborhood.
나는 우체국에서 일하는 사람을 근처에서 만났다.

His car, which he bought last week was a BMW.
그가 지난주에 산 자동차는 BMW이다.

이처럼 명사 man 이나 car 뒤에
'절의 형태'가 되어 명사를 설명해 주는 것이 형용사절이며,
위에 나오는 who나 which를 문법용어로 '관계대명사'라 하고,
관계대명사 앞에 나오는 명사를 선행사라 합니다.

관계대명사의 종류로는 선행사가 사람일 때 who를 쓰고,
사물이나 동물이면 which, 위치나 장소이면 where,
시간을 나타낼 때는 when을 쓰지만
사람이나, 사물, 위치, 시간 등에 구분 없이 that을 써도 틀리지는 않습니다.

〈 관계대명사가 주격으로 쓰일 때 〉

관계대명사 who는 that으로 대신 쓸 수도 있지만 선행사가 사람인 경우
that보다는 who가 더 많이, 더 자주 쓰입니다.

I met a woman. She works at the pharmacy.
나는 한 여자를 만났다. 그 여자는 약국에서 일한다.

→ I met a woman who works at the pharmacy.
나는 약국에서 일하는 여자를 만났다.

The table is too tall. It has glass on top.
그 탁자는 너무 높다. 그것은 윗면이 유리다.

→ The table which has glass on top is too tall.
윗면이 유리인 그 식탁은 너무 높다.

결론은 관계대명사 앞에 있는 명사를 '선행사'라 한다는 것,
형용사절은 명사(선행사) 뒤에 온다는 것,
형용사절은 형용사 역할을 하는 절(관계대명사로 시작하는 문장)로써
who나 which, when 등을 누구 또는 어느 것, 언제로 해석하지 않는다는 것,
즉, 형용사절은 '명사 뒤에 문장을 넣은 것'이란 것만 기억하면 '형용사절'이 아주 잘 보일 것입니다.

hope : (명) 희망, 소망 [가능한 희망에는 hope를 불가능한 희망에는 wish를 쓴다.]
can : (조동사) [+동사의 원형]《현재·미래의 능력이나 가능성을 나타낼 때 쓰임》…할 수 있다. …할 줄 알다.
never : (부) 전혀 … 않다, 결코 (…하지) 않다. 일반 동사 앞에 온다.
despair : (동) 체념하다, 절망하다.

영어비빔밥

✚ HELP YOURSELF

CHAPTER 6

취향에 따라
고추장도 살짝~~

CHAL

무언가를 열렬히 원한다면
그것을 얻기 위해 전부를 걸만큼의 배짱을 가져라.

LENGE

If you greatly desire something, have the guts to stake everything on obtaining it.

해보는 수밖에 길은 없다.

DREAD IS A MOMENT.

두려움은
한 순간일 뿐이다.

A : It's not easy to reply to a foreigner asking for directions.
B : It's nothing much. Have some confidence in your English.
A : 외국인이 길을 물어 보면 대답하기가 쉽지 않네요.
B : 별거 아니에요. 당신 영어에 자신감을 가지세요.

Checking Grammar 명사 dread, moment

이 세상의 모든 사물이나 추상적인 이름을 명사라고 했고,
명사는 문장에서 주어, 목적어, 보어 그리고 전치사의 목적어로 쓰입니다.

셀 수 있는 명사는 (단수형과 복수형이 있다.)
보통명사 book, apple, cat, girl …와
집합명사 family, class, police, people …로 나뉘고,

셀 수 없는 명사는 (복수형이 없다.)
고유명사 Johnson, Korea … 와 물질명사 milk, water, bread …
추상명사 love, peace, life … 로 나뉩니다.

영어는 말 하거나 쓸 때, 명사가 단수인지 복수인지를 따지며,
단수 일 때는 그대로 쓰면 되지만 복수 일 때는 명사의 변화 형태가 다르기에 좀 복잡하게 됩니다.

1) 단수형 명사 앞에 a나 an을 붙입니다.
a cat, an apple …

2) 복수형을 만들려면 대부분의 단어는 보통 -s, -es를 붙입니다.
book – books, tree – trees, class – classes …

3) 단어 끝이 s, sh, ch, x, o로 끝나면 -es를 붙이고,
glass – glasses, dish – dishes, bench – benches, box – boxes, potato – potatoes …
* 예외_ radio – radios, piano – pianos, photo – photos …

4) '자음 + y'로 끝나면 y를 i로 고치고 -es를,
baby – babies, puppy – puppies, city – cities …

5) 단어 끝이 f, fe로 끝나면 v로 고치고 -es를 붙입니다.
wife – wives, life – lives, leaf – leaves, wolf – wolves, knife – knives …
* 예외 : roof – roofs, belief – belief, proofs – proofs, cliff – cliffs, safe – safes …

많고 헛갈리지만 일일이 외우는 수밖에 방법이 없습니다.

dread : (명) 두려움, 근심 / moment : (명) 순간, 찰나

태산이 높다하되
하늘아래 뫼이로다.
오르고 또 오르면
못 오를 리 없건마는
사람이 제 아니 오르고
뫼만 높다 하더라.
-양사언-

You wait and watch and work; You don't give up.

기다리고 보고 일하라. 포기하지 말라.

A : There was a time when I gave up while learning Chinese.
B : Start again. It's not too late.
A : 중국어를 배우다 포기한 적이 있어요.
B : 다시 시작하세요. 아직 늦지 않았습니다.

Checking Grammar 동사 wait, watch, work, don't give up

동사는 세상 모든 존재의 움직임이나 상황을 나타내는 수없이 많은 '일반 동사'와
상태를 나타내는 'be동사 여섯 개(am, is, are, was, were, be)'가 있습니다.

동사는 주어에 따라 뒤에 -s, -es를 붙이게 되어 있는데
나 I, 너 You, 우리 We, 그들 They, 복수형 주어가 앞에 올 때는
동사를 변형 없이 원형 그대로 쓰고,
주어가 3인칭 단수 일 때는 현재동사 뒤에 -s나 -es를 붙이게 되어 있는 것이 영문법입니다.

대부분은 끝에 -s만 붙이지만
-es를 붙이거나 불규칙하게 변하는 경우도 있습니다. (study → studies)

명언에 있는 wait, watch, work는 주어가 2인칭 단수(You)이기 때문에 동사 뒤에
아무것도 없이 동사원형 그대로 썼습니다만, 만약에 주어가 3인칭 단수인 He라면
He waits, watches and works. 처럼 동사 끝에 -s나 -es를 붙여야 합니다.

일반 동사의 부정문은 do not (= don't)를 동사의 원형 앞에 쓰고
3인칭 단수 일 때는 does not (= doesn't)를 씁니다. 예를 들면,

I like money.를 부정문으로 하면 I don't like money.
She likes money.를 부정문으로 하면 She doesn't like money.
*do not 보다는 don't를, does not 보다는 doesn't를 일상생활에서 훨씬 많이 씁니다.

여기서 잠깐!
She likes money. 와 She doesn't like money.에서
매우 중요하게 볼 것이 있습니다. (likes와 like)
그것은 바로 do나 does 뒤에는 반드시 동사원형을 쓴다는 것!
그래서 likes가 아니라 like가 되었다는 것을 명심하십시오.

wait : (동) (남이 오거나 어떤 일이 일어날 때 까지 아무것도 하지 않고) 기다리다.
give up : 단념하다, 포기하다.

인생에 있어서 성공을 A라 한다면,
그 법칙을 A = X + Y + Z 로 나타낼 수 있다.
X는 일, Y는 노는 것이다. 그렇다면 Z는 무엇인가?
그것은 침묵을 지키는 것이다.

-아인슈타인-

위대한 업적은 대개 커다란 위험을 감수한 결과이다.
-헤로도토스-

Great deeds are usually wrought at great risks.

A : Who do you think will win the Nobel Prize this year?
B : Let me see. I hope a Korean gets it.
A : 올해 노벨상 수상자는 누가 될까요?
B : 글쎄요, 한국사람이 받았으면 좋겠는데.

Checking Grammar 부사 usually

부사는 동사에 내용을 더하고 보태는 역할로 동사뿐만 아니라,
형용사 또는 다른 부사, 문장 전체를 꾸며 주는 일을 합니다.
바꿔 말하면 부사는 넣으면 좋고, 안 넣어도 상관없지만
글을 전달하는 내용에 차이가 있다는 것입니다.
아래 문장에서 부사를 빼 보아도 됩니다.

첫째, 동사를 꾸민 것
He really wants to help me.
그는 정말로 나를 돕길 원한다. (really)

둘째, 형용사를 꾸민 것
Kimchi is very hot and spicy for my foreign friends.
김치는 내 외국인 친구에게는 매우 맵고 자극적이다. (very)

셋째, 다른 부사를 꾸민 것
I drank coffee too much today.
나는 오늘 커피를 너무 마셨다. (too)

넷째, 문장 전체를 꾸민 것
Overall, the movie was great.
전반적으로, 영화는 아주 재미있었다. (overall)

위의 문장에서 really, very, too, overall을 빼도 글에 문제가 없음을 확인하셨을 겁니다.
대부분의 형용사에다 'ly' 만 붙이면 부사가 됩니다. 만약 형용사를 100개를 안다면,
아는 형용사 단어 뒤에 ly를 붙이면 그 수만큼 부사를 함께 아는 셈이 되겠지요. 아래와 같이.

real – really 진실의, 정말의-실제로, sad – sadly 슬픈-슬프게,
slow – slowly 느린-천천히, happy – happily 행복한-행복하게,
careful – carefully 주의 깊은-주위 깊게, main – mainly 주된-주로,
frequent – frequently 빈번한, 종종-빈번히,
obvious – obviously 뚜렷한, 명백한-명백하게, 뚜렷이,
final – finally 최후의, 마지막의-최후로, 마침내, 결국,

deed : (명) (의도적) 행위, 행동 / **usually** : (부) 보통은
wrought : (형) 만들어진, … 된 / **risk** : (명) 위험, 위험물

세상은 변화를 싫어하지만 오직 변화만이 변화를 초래해 왔다는 아이러니.

Accept challenges, so that you may feel the exhilaration of VICTORY

도전을 받아들여라.
그러면 승리의 쾌감을 맛볼 지도 모른다.

A : Did you accept his offer?
B : I'm still checking it(out). I'll decide on it by today.
A : 그 사람의 제안을 받아 드리셨나요?
B : 아직 검토 중입니다. 오늘 중으로 결정하겠습니다.

Checking Grammar 접속사 so that

접속사는 영어로 Conjunction(결합함, 연결) 입니다.
단어와 단어, 구와 구, 절과 절을 이어주는 역할을 하는 접속사는

1) 단어와 단어를 연결합니다.
2) 구와 구를 연결합니다.
3) 절과 절을 연결합니다.

등위접속사는
서로 대등한 입장을 이어주는 접속사로 and, but, or, so, for 등이 있고,
명언에 있는 so that 또한 많이 쓰지는 않지만 종종 보게 되는 등위접속사입니다.

I like fish, and he likes meat. (긍정 and 긍정)
나는 생선을 좋아하고 그는 고기를 좋아한다.
I don't like meat, but he likes meat. (부정 but 긍정)
나는 고기를 좋아하지 않고, 그는 고기를 좋아한다.
Do you like hot coffee or ice coffee? (두개의 명사구를 or로 연결. comma가 필요 없음).
당신은 뜨거운 커피를 좋아 하나요 아니면 차가운 커피?
I packed some cookies and fruit so that I wouldn't be hungry at work.
나는 직장에서 배가 고프지 않도록 약간의 과자와 과일을 쌌다.

accept : (동) (제공한 것을) 받아들이다, 기꺼이 받다.
challenge : (명) 도전
so(so that) : (접속사) …하기 위하여 … 하도록
exhilarate : (동) 유쾌(명랑) 하게 하다.

눈길을 걸어 갈 때
어지럽게 걷지 말기를,
오늘 내가 걸어간 길이
훗날 다른 사람의 이정표가 되리니...
-백범 김구-

The only thing we have to fear is fear itself.

우리가 유일하게 두려워해야 할 것은
두려움 그 자체입니다.
-프랭클린 루스벨트-

A : Do you think I'll be able to do really well on my presentation?
B : Don't be scared. Have some confidence!
A : 오늘 제가 프레젠테이션을 훌륭히 마칠 수 있을까요?
B : 두려워 하지 마, 자신감을 가지라구!!

Checking Grammar 조동사 have to

"조동사는 동사를 도와주며, 조동사 뒤에는 반드시 동사원형을 씁니다."
"주어가 3인칭 단수라도 조동사 뒤에 오는 동사에는 -s나 -es를 붙이지 않습니다."
조동사의 문법 설명입니다.

대표적인 조동사로는
can, could, may, might, must, will, would, shall, should, have to, had to가 있습니다.

have to와 must는 '~해야 한다.' (필요, 의무) 과거형은 had to.
말하고, 글을 쓸 때 have to가 must보다 훨씬 더 많이 쓰입니다.

John has to pay rent today.
존은 오늘 집세를 지불해야 한다.
I have to buy a ticket by tomorrow.
나는 내일까지 표를 사야한다.

have to의 부정형은 don't have to (=do not have to)로
need not의 의미, 즉 '~할 필요가 없다.' 란 뜻입니다.

You have to go there.
너는 거기에 가야한다.
You don't have to go there.
넌 거기에 갈 필요가 없어.

have to와 비슷하게 쓰지만 좀 더 강력한 의미 must의 부정형은
must not(=mustn't) '~해서는 안 된다.' (금지의 뜻)

have to / have got to : (조동사) [+동사의 원형]《must와 같이 필요를 나타냄》… 해야 한다.
fear : (명) 공포, 두려움 fear : (동) …을 두려워하다, 걱정하다.
itself : 그 자체

새는 알을 까고 나온다.
알은 세계다.
태어나려는 자는
한 세계를 파괴해야만 한다.
- 헤르만 헤세_데미안 중에서-

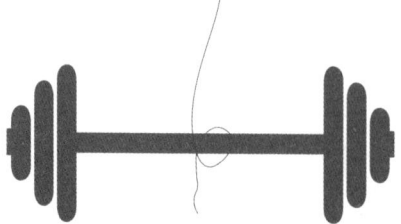

THE BIGGEST RISK IN LIFE IS NOT TAKING ONE.

가장 위험한 도전은
도전하지 않는 것이다.
-서양 속담-

A : It's your turn next. Are you ready?
B : Yep! I'll do my best.
A : 다음이 네 차례다. 준비됐지?
B : 옙! 최선을 다해서 해보겠습니다.

Checking Grammar 동명사 taking

동명사는 '동사 + ing' 형태로 명사와 같은 역할을 합니다.
문장에서 주어, 목적어, 보어의 역할을 하고 전치사의 목적어로도 쓰이며
동사로부터 동명사가 왔기 때문에 원래 동사가 가지고 있던 생동감을
표현할 수 있는 장점을 가지고 있습니다.

1) 주어로 쓰인 동명사
Playing cards is fun. 카드놀이 하는 것은 재미있다.
Spending money is easy. 돈을 쓰는 것은 쉽다.

2) 목적어로 쓰인 동명사
My dad quit smoking. 나의 아버지께서 담배를 끊으셨다.
Keep trying. 계속 시도해라.

3) 전치사의 목적어로 쓰인 동명사
I'm thinking about ordering some food. 나는 음식을 좀 주문할까 생각 중이다.
Keep on running. 계속 달려라.

〈 동명사가 고정적으로 들어간 표현들 〉

1) go ~ing : ~하러 가다. (과거형 went ~ing)
2) It is no use ~ing : ~해야 아무 소용없다.
3) feel like ~ing : ~하고 싶은 생각이 나다. (과거형 felt like ~ing)
4) How about ~ing? : ~하는 것은 어떻겠습니까?
5) be busy ~ing : ~하느라 바쁘다. (과거형 was/were busy ~ing)
6) be good at ~ing : ~하는 것에 능숙하다. ~하는 것을 잘한다.
7) be interested in ~ing : ~하는 것에 흥미가 있다.

biggest : big의 비교급, 최상급.
어미가 모음 + 자음으로 끝날 경우 끝에 자음을 한 번 더 쓰고 -er, -est를 붙인다.
risk : (명) 위험, 위험물

얼짱, 몸짱 위에 배짱.

IF YOU GREATLY DESIRE SOMETHING, HAVE THE GUTS TO STAKE EVERYTHING ON OBTAINING IT.

무언가를 열렬히 원한다면
그것을 얻기 위해
전부를 걸만큼의
배짱을 가져라.
—브렌단 프랜시스—

A : How is it going?
B : Pretty good!
A : 요즘 어떠세요?
B : 매우 좋습니다.

Checking Grammar to부정사 to stake

to + 동사원형 = to부정사!
to부정사는 문장 안에서 명사처럼, 형용사처럼 또는 부사처럼 쓰입니다만
그 모양새로 보아서는 to부정사는 모두 같기에 (to + 동사원형)
어느 품사처럼 쓰였는지 알아내기가 쉽지 않습니다. 따라서
to부정사가 명사처럼 쓰였는지, 형용사처럼 쓰였는지 아니면 부사처럼 쓰였는지
알아보는 방법은 아쉽게도 해석을 해보는 수밖에 없습니다.

to부정사가 형용사처럼 쓰일 때는 '~할', '~하는' 뜻이고 명사 뒤에 위치합니다.
명언에서 보듯 the guts to stake 처럼 말입니다.

참고로, something이나 nothing과 함께 쓰일 때는
to부정사(형용사 역할)가 뒤에 온다는 것도 알아 두세요.

Would you like something to eat?
먹을 것 좀 드릴까요?

You have nothing to worry about me.
너는 나에 대해 걱정할게 아무것도 없다.

Would you like something to drink with me some day?
언제 저와 함께 한 잔 하실래요?

if : (접속사) 《if절이 결과 절보다 앞에 오면 if절 끝에 comma(,)를 한다.》 …이라면, 만일 …이면
desire : (동) …을 매우 바라다[원하다].
gut : (명) 용기, 배짱
stake : (동) 〈특히 돈을〉 (…에)걸다; (돈을 걸고) 내기하다.
obtain : (동) …을 얻다, 획득하다.

PASSION 熱情 열정!

Profit_이익 Ambition_야망
Sincerity_진실, 성실 Strength_용기
Innovation_혁신 Optimism_낙천주의
Never give up_절대 포기하지 마라.

일본 사업가 이나모리 가즈오의 성공철학의 철학입니다.

*Profit은 '이익을 추구하러 들지 말라'는 의미.

TAKE CALCULATED RISKS.

계산된 위험들은
감수하라.
이는 단순히
무모한 것과는
완전히
다른 것이다.
—조지 S. 패튼—

THAT IS QUITE DIFFERENT FROM BEING RASH.

A : What's the percentage of the possibility of failing?
B : I think the problem is the unpredictable weather.

A : 실패할 가능성이 몇 퍼센트입니까?
B : 예측 못할 날씨가 문제입니다.

Checking Grammar 과거분사 calculated

분사는 현재분사와 과거분사가 있습니다.
이 둘은 모두 동사에서 나온 것으로 동사의 성격을 그대로 간직하고 있는 형용사입니다.

현재분사는 be 동사와 만나 진행형 (be + ing)을 만들지만
과거분사는 be 동사와 만나 수동태 (be + p.p)가 되고
have 동사와 만나면 완료형 (have + p.p)이 됩니다.

'뜨거운 물'은 영어로 hot water 이지만 '끓고 있는 물'은 boiling water 입니다.
뜨거운 물과 끓고 있는 물중에 어느 것이 더 뜨겁게 느껴질까요. 당연히 끓고 있는 물이겠죠.
여기에 있는 hot은 형용사이고, boiling이 현재분사입니다. 그렇다면 끓인 물은?
끓인 물은 boiled water이며, boiled가 바로 과거분사입니다. 쉽게 이해가 되었기를 바랍니다.

〈 과거분사, 현재분사 그리고 동명사의 차이 〉

과거분사 : ~되어 진
reserved seat 예약되어진 자리_예약석, used car 사용되어진 차_중고차,
broken window 깨어진 창, sealed letter 봉해진 편지, cleaned room 청소된 방,
delayed flights 연착된 비행기, boiled egg 삶은 달걀, checked baggage 검사된 가방,
damaged building 손상된 건물 …

현재분사 : ~하고 있는
running train 달리는 기차, crying baby 울고 있는 아이, walking dictionary 걸어 다니는 사전,
running water 흐르는 물, boiling water 끓고 있는 물, dancing girl 춤추고 있는 소녀,
working people 일하는 사람들, waiting time 기다리는 시간, burning heart 불타는 마음 …

동명사 : ~하기 위한
Parking place 주차를 하기 위한 장소_주차장, dancing hall 춤추기 위한 홀_댄스홀,
waiting room 기다리기 위한 방_대기실, driving license 운전하기 위해 필요한 면허증_운전면허증,
sleeping bag 잠자기 위한 빽_침낭, smoking room 담배를 피기 위한 방_흡연실 …
*No smoking 금연, *No fishing 낚시 금지…

calculate : (동) 계산하다. / **risk** : (명) 위험, 위험물 / **quite** : (부) 완전히, 아주 / **rash** : (형) 무모(경솔)한

당신이 라이벌이라고 생각하는 사람이 있습니까? 그런데 말이죠. 과연 그 사람도 당신을 라이벌로 생각할지 생각해 보셨나요?

IF YOU THINK YOU CAN WIN, YOU CAN WIN. FAITH IS NECESSARY TO VICTORY.

이길 수 있다고 생각하면 이길 수 있다. 승리에는 신념이 필요하다.
-윌리엄 해즐릿-

A : Who do you think will win the soccer match today?
B : I think that'll depends on the mental strength. Especially days like today.
A : 오늘 축구경기에서 어느 팀이 이길것 같아요?
B : 정신력의 문제겠지요. 오늘은 특히.

Checking Grammar 명사절 you can win,

절이란 주어와 동사를 포함하고 있는 두 개 이상의 단어로 이루어져 있고,
구는 두 개 이상의 단어까지는 절과 같지만 주어와 동사가 없는 것입니다.

명사절은 문장에서 보어와 목적어로 쓰입니다. (명사의 역할)
의존절(종속절)이라 혼자 있을 수 없고, 반드시 독립절과 함께 써야하며,
동사의 목적어로 쓰이는 명사절 중에는 that-절이 자주 사용 됩니다.
이때 that은 생략이 가능합니다.

that-절이 뒤에 오는 동사들을 알아보면
believe that ~ / suspect that~ / know that~
dream that ~ / realize that~ / think that~ / guess that~

I dreamed(dreamt) that I kissed a handsome actor last night.
나는 지난밤에 잘생긴 배우와 키스하는 꿈을 꿨다.
Tony knows that I leave to London tomorrow.
토니는 내가 내일 런던으로 떠난 다는 걸 알고 있다.
I have a lot of homework. I suppose that I can't sleep tonight.
나는 숙제가 엄청 많다. 나는 오늘 밤 잠을 잘 수 없으리라고 생각한다.
I guess it depends on you.
그것은 너에게 달려있다고 생각한다.

if : (접속사) 《if절이 결과 절보다 앞에 오면 if절 끝에 comma(,)를 한다.》 …이라면, 만일 … 이면
can : (조동사) [+동사원형] 《현재·미래의 능력, 가능성을 나타낼 때》 …할 수 있다.
faith : (명) 신뢰, 강한 믿음

조금 전, 2페이지 앞에서 말한
"계산된 위험들을 감수하라.
이는 단순히 무모한 것과는 완전히 다른 것이다."
기억하시나요?

계산된 위험은 즐기는 것이
정신건강, 위장장애, 변비, 두통, 치통, 과민성 대장증세에도 좋습니다.

I believe
that one of life's
greatest risks is
never daring to risk.

조금도 위험을 감수하지 않는 것이
인생에서 가장 위험한 일일 것이라 믿어요.
-오프라 윈프리-

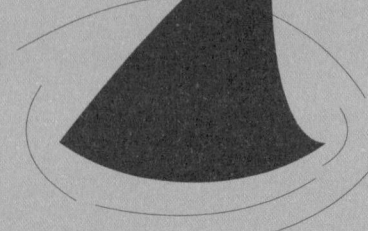

A : Don't go there. It's a quite dangerous place.
B : I did prepare quite thoroughly for it, but I will still be careful.

A : 거기는 가지 마세요. 상당히 위험한 지역입니다.
B : 철저한 준비를 마쳤지만 그래도 조심하겠습니다.

Checking Grammar 명사절 that one of life's greatest risks is never daring to risk.

that으로 시작하는 명사절이 동사의 목적어로 쓰일 때는
접속사 that이 생략될 수 있지만
that-절이 보어로 쓰일 때, 접속사 that은 생략하지 않습니다.

I believe (that) she will go to the party.
나는 그녀가 파티에 가리라고 믿습니다. (목적어로 쓰일 때 that은 생략 가능합니다.)

The important thing is that he will do it
중요한 것은 그가 그것을 할 거라는 것이다. (보어로 쓰일 때는 that을 생략하지 않습니다.)

또한 의문사로 쓰이는 when, where, why, which, how와
if나 whether를 써서 명사절을 나타내기도 하는데
ask, know, wonder 같은 동사의 뒤에서 if로 시작하는 명사절과
whether로 시작하는 명사절은 '~인지 아닌지'로 해석합니다.

He asked me if she was leaving too.
그는 나에게 그녀 역시 떠나는 건지 물었다.

He asked me whether she was leaving too.
그는 나에게 그녀도 떠날건지 아닌지 물었다.

believe : (동) [+(that)] (어떤) 견해를 갖다. …이라고 생각하다.
greatest : great 최상급
risk : (명) 위험, 위험물 (동) 위험에 내 맡기다. 감행하다.
never : (부) 전혀… 않다, 결코 (…하지) 않다. be동사 뒤에 온다.
dare : (동) 감히(과감하게) … 하다.

153

Empathy ◆ Time
공감 ◆ 시간

이 또한 지나가리라
−솔로몬 왕−

This, too, shall pass away.
too : (부) …도(또한) / **pass** : (동) 지나가다.

Boys,
If you don't look like Calvin Klein model,
Don't expect us to look like
Victoria's Secret Angels.

소년들이여,
그대가 캘빈클라인의 모델 같은 남자가 아니라면
여자들도 빅토리아 시크릿의 모델이길 바라지 마라.

if : (접속사) …이라면, 만일…이면 / **look like** : …처럼 보이다.
expect : (동) [+to-v / (that)] 〈남이 오기를〉기대하다, 〈남·일을〉기다리다.

Some rise by sin, and some by virtue fall.

죄를 짓고 잘되는 사람도 있고, 덕을 베풀고 망하는 사람도 있다. −윌리엄 셰익스피어−

rise : (동) 오르다, 일어서다. / **sin** : (명) 죄 / **virtue** : (명) 덕, 선행 / **fall** : (동) 떨어지다, 쓰러지다.

There are three kinds of lies;
lies, damned lies, and statistics.

거짓말엔 세 가지가 있다. 거짓말, 새빨간 거짓말, 그리고 통계다. −벤저민 디즈레일리−

lie : (명) 거짓말 / **damn** also **damned** : (형) (좋거나 나쁜 표현을 강조하여) / **statistics** : (명) 통계(학)

Fish and visitors smell in three days.

생선과 손님은 3일이 지나면 냄새를 풍긴다. −벤자민 프랭클린−

fish : (명) 물고기(살아있는 생물); 셀 수 있는 명사, 생선(음식); 셀 수 없는 명사로 복수형 없다.
smell : (동) 냄새 나다.

We must believe in luck.
For how else can we explain the success of those we don't like?

우리는 행운을 믿어야 한다.
안 그러면 어떻게 우리가 좋아하지 않는 이들의 성공을 설명할 수 있나? −장 콕토−

must : (조동사) [+동사원형]…해야 한다. / **believe in** : …의 존재를 사실로 믿다.
else : (부) 이 외에, 그 밖에, 또 / **can** : (조동사) [+동사원형] 〈능력이나 가능성을 나타낼 때〉…할 수 있다.

어제는 과거다.
내일은 알 수 없다.
오늘은 선물이다.
그렇기에 오늘을 선물이라한다.

-영화 쿵푸 팬더-

**Yesterday is history. Tomorrow is a mystery.
Today is a gift. That's why we call it the present.**
mystery : (명) 신비, 불명확한 것
present : (명) 현재, 지금, 선물(gift)이라는 뜻의 present와 발음이 같다.

Some have been thought brave because they were afraid to run away.

도망가는 게 무서웠을 뿐인데 용기 있다고 평가 받는 사람도 있다. -토마스 풀러-

brave : (형) 용감한 / **because** : (접속사) …한 이유로 (때문에)
afraid : (형) [+to-v (that) / of] (…을) 두려워하는, 무서워하는 / **run away** : 달아나다.

We're really quite nice and friendly, but everyone has a beastly side to them, don't they?

우리는 다 멋지고 친절한 사람이지만, 우리 모두에게는 짐승 같은 면도 있지 않나요?
-시드 비셔스-

really : (부) be동사 뒤에 온다. / **quite** : (부) 꽤, 상당히, 아주 형용사 nice 와 friendly를 수식한다.
friendly : (형) 친한, 다정한 / **beast** : (명) 짐승, 동물

There are worse things in life than death. Have you ever spent an evening with an insurance salesman?

살다보면 죽음보다 더한 것이 있어요. 보험 설계사와 저녁 내내 같이 있어본 적 있나요?
-우디 알렌-

than : (접속사) 《비교급에 써서 차이를 나타냄》…보다(는, 도) / **death** : (명) 죽음, 사망
insurance : (명) 보험(업) / **spend** : (동) 〈시간을〉 (…하며) 지내다, 보내다. spend-spent-spent

Time brings everything to those who wait for it.

시간은 기다리는 자에게 기대하는 것을 가져다준다.

time : (셀 수 없는 명사) 3인칭 단수형 동사를 갖는다. / **bring** : (동) (물건)을 가져오다. (사람)을 데려오다.
those : that의 복수

I hate women because they always know where things are.

여자들은 항상 물건이 어디 있는지 알기 때문에 나는 여자들이 싫다. -제임스 터버-

hate : (동) 미워하다, 증오하다. / **because** : (접속사) …한 이유로 (때문에)
always : (부) 언제나, 항상. 일반 동사 앞에 온다. / **know** : (동) [+(that)] (…에 관해서) 알고 있다.

시간은 모든 것을 치유한다
Time heals everything.

heal : (동) (상처 등이) 낫다

The best thing about the future is that it comes one day at a time.
미래의 가장 좋은 점은 한 번에 하루씩 온다는 것이다. −에이브러햄 링컨−

at a time : 한번에

You may delay, but time will not.
당신은 지체할 수도 있지만 시간은 그렇지 않을 것이다. −벤자민 프랭클린−

may : (조동사) [+동사원형] …일지도 모른다. 《허가》… 해도 좋다.
delay : (동) 연기하다, 지체하다. / **will** : (조동사) [+동사의 원형] 《미래를 나타내는 데 사용하여》

Regret for wasted time is more wasted time.
낭비한 시간에 대한 후회는 더 큰 시간 낭비이다. −메이슨 쿨리−

regret : (명) 슬픔, 유감, 후회 / **wast** : (동) 낭비하다, 잘못 쓰다.
for wasted time : wasted는 과거분사로 형용사로 쓰여 time을 수식 함.
more : (부) 더 (많이, 크게) be동사 뒤에 온다.

The future will be better tomorrow.
내일에는 미래가 더 나아질 것이다. −댄 퀘일−

better : (형) 《good의 비교급》 더 좋은, 더 나은

It is never too late to give up our prejudices.
편견을 버리기에 너무 늦은 때는 없다. −헨리 데이비드 소로우−

never : (부) 전혀… 않다, 결코(…하지)않다. be 동사 뒤에 온다.
too + 형용사 + to + 동사의 원형 : 너무 … 해서 ~할 수 없다. (부정적인 결과를 내포함)
give up : 그만 두다, 포기하다. / **prejudice** : (명) 편견, 선입관

Today comes only once and never returns again.
오늘은 오직 한 번뿐 다시 오지 않는다. −서양 속담−

only : (부) 단지, …만 (관련어구 앞에 놓을 것) / **once** : (부) 단 한번
never : (부) 전혀… 않다, 결코(…하지)않다. / **return** : (동) 되돌아가다. (오다)

영어비빔밥

✚ HELP YOURSELF

CHAPTER 7

비빔밥에 참기름은 당근 필수!!

널 그리워하는 걸 멈출 수가 없어.

I can't stop missing you.

LOVE

두 사람이 마음을 함께 하면
그 날카로움이 쇠도 자를 수 있고,
마음을 같이 하는 말은
그 향기가 난초와 같다.
이인동심二人同心에 기리단금其利斷金이요
동심지언同心之言은 기취여난其臭如蘭이니라.
-주역周易-

I CAN'T STOP MISSING YOU.

널 그리워하는 걸
멈출 수가 없어.

A : Ah, we just parted, but I want to see her again.
B : You're finally in love. It's written all over your face!

A : 아~, 조금 전에 헤어졌는데 또 보고 싶다.
B : 드디어 사랑에 빠졌군. 얼굴표정에 다 쓰여 있어!

Checking Grammar 동명사 missing

'동사 + -ing' 모양을 가진 동명사는 명사처럼
문장에서 주어, 목적어, 보어의 역할을 하며, 전치사의 목적어로도 쓰입니다.
to부정사나 동명사 모두 동사가 가지고 있던 느낌을 그대로 표현할 수 있고,
해석은 모두 '~하는 것'.
동명사나 to부정사는 동사의 뒤에서 목적어로 쓰이는데
어떤 동사는 동명사만을, 또 어떤 동사는 to 부정사만을 목적어로 취합니다.

1) 동명사만을 목적어로 갖는 동사들
enjoy, finish, stop, quit, mind, postpone, put off, keep, keep on, consider …
I quit waking my children up in the morning. 아침에 아이들 깨우는 것을 그만 두었다.
Would you mind if I took this chair? 이 의자를 가져가도 괜찮을까요?

2) to부정사만을 목적어로 갖는 동사들
want, hope, plan, seem, try, need, promise, decide, agree, expect …

She decided to leave school. 그녀는 학교를 떠나기로 결정했습니다.
I hope to see her again soon. 저는 곧 그녀를 만날 수 있기를 희망합니다.

3) 동명사와 to부정사를 모두 목적어로 갖는 동사들
begin, start, continue, like, love, hate …

Jane started talking about her difficult situation. or
Jane started to talk about her difficult situation. 제인은 그녀의 어려운 처지에 관해 말하기 시작했다.

She likes watching horror movies. or
She likes to watch horror movies. 그녀는 공포영화 보는 것을 좋아합니다.

〈 동명사와 to부정사의 비교 〉
He stopped calling me. 그는 나에게 전화하는 것을 멈추었다.
(stop + 동명사 '~하는 것을 멈추다'의 뜻, 동사의 목적어 역할)
He stopped to call me. 그는 나에게 전화하기 위해 멈춰 섰다.
(stop + to부정사는 to부정사가 부사처럼 쓰여 '~하기위해 (일부러) 멈추어 서다'의 뜻입니다.)
동명사와 현재분사는 '-ing 꼴'로 모양이 같고, 구별하는 방법은 해석밖에 없습니다.
'~하는 것'이면 동명사(명사 역할)이고, '~하고 있는'의 뜻이면 현재분사(형용사 역할)입니다.

He began cooking. 그는 요리를 시작했습니다. (동명사_명사 역할 ; 요리하는 것)
He is cooking. 그는 요리를 하는 중입니다. (현재분사_형용사 역할 ; 요리하는)

can : (조동사) [+동사의 원형] …할 수 있다. …할 줄 알다. 부정어 : can not, can't, cannot
stop : (동) 목적어로 동명사를 갖는다.

왼손으로 악수합시다.
그 쪽이 심장과 더 가까우니까.
-지미 헨드릭스-

THE FIRST DUTY OF LOVE IS TO LISTEN.

사랑의 첫 번째 의무는
상대방에
귀 기울이는 것이다.
-폴 틸리하-

A : Do you understand what I'm saying?
B : Sorry. Can you please tell me one last time?

A : 내가 무슨 말 하는지 아시겠어요?
B : 죄송해요. 마지막으로 한 번 더 말씀해 주시겠어요?

Checking Grammar 문장의 형식 중 2형식 s + v + c

문법책을 단 한 번이라도 들춰 본 사람이라면 누구나 들어 본 문장의 5형식.
모든 글은 5형식으로 이루어 졌다고 기억할 것입니다.
우선 문장의 기본 요소를 알아보면,

문장은 주어 (주인이 되는 말-Subject-S), 동사 (Verb-V), 목적어 (Object-O),
보어 (Complement-C)로 이루어 졌습니다.

1) 1형식 문장
주어(S) + 동사(V) : 주어와 동사만 있으면 문장(절)이 됩니다.
I swim. I run. I dance. I laughed … 끝!!

주어와 동사만으로 무슨 뜻인지 통합니다. (완전자동사). 여기에 살을 좀 붙여 볼까요.
I always swim in the morning. 나는 아침에 항상 수영을 한다.
I run with my dog. 나는 내 개와 달렸다. (run - ran - run)
I danced in my room. 나는 내 방에서 춤을 추었다.
She laughed loudly. 그녀는 큰소리로 웃었다.

2) 2형식 문장
주어(S) + 동사(V) + 보어(C) : 주어와 동사만으로는 내용전달이 부족해서
보충할 말(보어)을 넣은 것입니다.
She is a lawyer. 그녀는 변호사입니다.
Tom looks tired. 톰이 피곤해 보인다.
I became a graphic designer. 나는 그래픽 디자이너가 되었습니다.

이처럼 is, look, seem, become 따위를 '불완전 자동사'라 하는 것이고,
보어로 올 수 있는 것은 명사(대명사), 형용사, to부정사 등이 있습니다.
(자기계발 편에 3, 4, 5형식 계속됩니다.)

listen : (동)주의하여 듣다, 경청하다.

Love means never having to say you're sorry.
사랑은 절대 미안하다고 말하지 않는 것이다.
-영화 Love Story(1970)중에서-

LOVE BEGINS WITH A SMILE, GROWS WITH A KISS, AND ENDS WITH A TEARDROP.

사랑은 미소와 함께 시작하고,
키스와 함께 자라나고,
눈물과 함께 끝이 난다.

A : You broke up? I knew it!
B : How could he have me completely fooled?
A : 헤어졌구나? 내 그럴 줄 알았지!
B : 어떻게 그가 나를 그렇게 철저히 속일 수가 있지?

Checking Grammar 부정관사 a(an)

명사와 꼭 같이 쓰이는 관사는 부정관사 a, an 정관사 the가 있습니다.
부정관사 a, an은 정해지지 않은 막연한 것, 셀 수 있는 단수 명사 앞에만 쓰고,
정관사 the는 정해진 것, 셀 수 있는 명사(단수, 복수 포함)와
셀 수 없는 명사의 앞에 쓸 수 있습니다만 관사를 쓰지 않는 경우도 있습니다.

〈 관사를 쓰지 않는 경우 〉

1) 교통수단 앞에

I always go to work by bus. 나는 항상 버스로 일터에 간다.

2) 통신수단 앞에

She is going to send this package to New Zealand by airmail.
그녀는 뉴질랜드에 항공우편으로 이 꾸러미를 보낼 예정이다.

3) 스포츠 앞에

He plays golf on Sunday morning. 그는 일요일 아침에 골프를 한다.

4) 가족의 호칭, 식사 앞에

My mother has breakfast every morning. 엄마는 매일 아침식사를 하신다.
예외) We had a lovely meal today. 오늘 우리는 즐거운 식사를 했다.
 (단, 수식이 들어간 식사 앞에는 관사가 붙는다.)

5) 건물이나 시설이 원래의 목적으로 쓰일 때

The children went to school. 아이들은 학교에 갔다.

6) 짝을 맞춰 쓰거나 대구를 이루거나 하는 경우

bread and butter 빵과 버터, knife and fork 칼과 포크, day and night 밤낮으로,
face to face 얼굴을 맞대고, arm in arm 팔짱을 끼고

7) 누군가를 부를 경우

Ladies and gentlemen, be seated, please. 신사숙녀 여러분 자리에 앉아 주십시오.
Waiter, please bring me the dessert. 웨이터, 후식 좀 가져다 주세요.

*관사는 보통 '관사 (+부사 + 형용사) + 명사'의 어순이지만 일부 형용사의 경우
관사의 위치가 달라지기도 합니다.

teardrop : (명) 눈물(한 방울)

"절망의 늪에서 나를 구해준 것은
많은 사람들의 사랑이었습니다.
이제 내가 그들을 사랑할 차례입니다."

지구상에 살다간 가장 아름다운 여인 중 한 분인
오드리 햅번이 남긴 말이지만, 다음 글도 그녀의 말입니다.

Nothing is impossible. The word itself says 'I'm possible.'
"불가능이란 없다. 단어 그 자체가 말하는 것이 '나는 가능하다.'입니다."

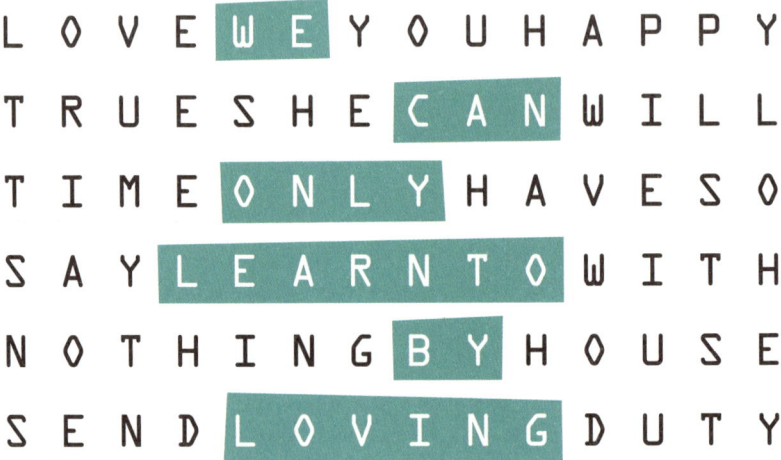

우리는 오로지 사랑을 함으로써
사랑을 배울 수 있다.

A : Have you seen the old film 'Roman Holiday' starring Audrey Hepburn?
B : Yes. I think it's one of those films you must watch before you die.

A : 오래된 영화 오드리 햅번 주연의 '로마의 휴일' 보셨어요.
B : 예, 죽기 전에 꼭 보아야 할 영화라고 생각해요.

Checking Grammar 조동사 can

"조동사는 동사를 도와준다."
"조동사 뒤에는 반드시 동사원형이 온다."
조동사에 대한 일반적인 이 말은
'조동사는 동사가 가진 '번거로운 수고'를 덜어 준다는 것입니다.

'번거로운 수고'라 하는 것은 동사의 변형,
즉 주어가 3인칭 단수 일 때, 동사 뒤에 일일이
-s나 -es를 붙이는 것과 시제에 따른 동사의 변화 등이
문장에서 조동사 뒤에 쓰이게 되면
동사는 원형 그대로 쓰면 됩니다.
(과거형은 조동사만 과거로 바꿔주면 끝~!!)

여러 조동사 중 가장 사용도가 높은 can은
1) '~할 수 있다.' (주어의 능력)
She can cook very fast. 그녀는 매우 빨리 요리할 수 있다.
I cannot drive a car. 나는 자동차를 운전할 수 없다.
2) '~해도 좋다.' (허락)
Can I go now? Yes, you can. 지금 가도 되나요? 가도 좋아요.
(May I go now?로 해도 되고, 좀 더 정중한 표현은 Could I go now? 입니다.)
3) '~일까?' (의문문에) '~일리가 없다.' (부정문에)
Can it be true? 설마 그것이 사실일까?
It can't be true. 그것은 사실일 리가 없어.

can의 부정은 can't (cannot=can + not)
부사와 함께 쓸 경우에는 'can + 부사 + 동사원형'의 순입니다.

can : (조동사) [+동사원형] 《현재·미래의 능력이나 가능성을 나타낼 때》 …할 수 있다. …할 줄 알다.
only : (부) 단지, …만 can(조동사) + only(부) + learn(동) (관련어구 앞에 놓을 것)
learn : (동) 목적어로 to부정사를 갖는다.

사랑은
눈으로 보이는 게 아니라
마음으로 보인다.
그러므로
사랑은
눈먼 큐피드이다.
-셰익스피어-

Love does not consist in
gazing at each other,
but in looking together
in the same direction.

사랑은 두 사람이 마주 쳐다보는 것이 아니라
함께 같은 방향을 바라보는 것이다.
-생 텍쥐페리-

A : Cupid's arrow? Oh, you're saying she is in love.
B : Shh, you can't tell anyone. It's a secret for the time being.

A : 큐피드의 화살? 아~, 그녀가 사랑에 빠졌단 소리군요.
B : 쉿, 다른 사람한테는 얘기하면 안돼요. 당분간 비밀이에요.

Checking Grammar 접속사 not A but B

접속사에는
등위접속사 (and, but, or, so 따위),
종속접속사 (when, while, since, till, as soon as …) 외에
동등한 역할을 하는 단어와 단어, 구와 구를 연결하는
접속사로, 서로 짝을 이루는 상관접속사라는 것이 있습니다.

〈 상관접속사 〉

1) not A but B : A가 아니라 B이다.

She is not in the kitchen but in her room.
그녀는 주방이 아니라 그녀의 방에 있다.

2) either A or B : A나 B 둘 중에 하나. (동사는 B의 주어에 맞춰주세요.)
(부정문은 neither A nor B : A도 B도 아니다.)

Either you or he is telling a lie.
너 아니면 그가 거짓을 말하고 있다.

Neither Tom nor Jerry are wrong.
톰도 제리도 둘 다 틀리지 않았습니다.

3) not only A but (also) B : A뿐만 아니라 B도 (동사는 B의 주어에 맞춰주세요.)

Not only you but also Tom is leaving to China.
너 뿐만 아니라 톰도 중국으로 떠난다.

4) both A and B : A와 B 둘 다 (둘 다 이므로 복수로 취급)

Both math and history books are expensive.
수학책과 역사책 둘 다 비싸다.

참, 독립된 두 절(문장)을 연결할 때,
등위접속사 (and, but, or, so) 앞에
comma(,)를 하는 것도 잊지 마세요.

consist : (동) 이루어져 있다.
gaze : (동) 주시[응시]하다.
direction : (명) 방향

인공호흡법은 과학자나 의사에 의해 생긴 것이 아니랍니다.
물에 빠진 아이를 건져낸 엄마가
아이가 숨을 쉬지 않자, 살리고 싶은 마음에
계속해서 입에 숨을 불어넣었는데
그 덕에 아이는 물을 토하며 의식을 되찾았습니다.
아이에 대한 간절한 모성이
인공호흡의 시초인 것이죠.

모성애母性愛.
영어로는 mother's instinctive love라 합니다.

THE ENTHUSIASM OF A WOMAN'S LOVE IS EVEN BEYOND THE BIOGRAPHER'S.

사랑에 대한
여자의 열정은
전기 작가의 열정을
훨씬 뛰어넘는다.
-제인 오스틴-

A : I would like to keep in touch.
B : Same here.

A : 계속 연락하고 싶습니다.
B : 저도 그렇습니다.

Checking Grammar 명사 enthusiasm, woman's love, biographer

세상 모든 사물이나 추상적인 것의 이름이 명사이며,
명사에는 셀 수 있는 명사와 셀 수 없는 명사가 있습니다.
그리고 꼭 단수, 복수를 따지는데 셀 수 있는 명사만이 복수형을 가지고 있습니다.

1) 복수형을 만드는 대부분은 단어 끝에 -s를 붙이지만 cup – cups, animal– animals …
2) 단어 끝이 s, sh, ch, x, o로 끝나면 -es를 붙이고 class – classes, box – boxes …
3) '자음 + y'로 끝나면 y를 i로 고치고 -es를 붙이고 baby – babies, city – cities …
4) 단어 끝이 f, fe로 끝나면 v로 고치고'-es를 shelf – shelves, life – lives, leaf – leaves, wolf – wolves … 붙이지만 예외도 있습니다. (roof – roofs)

또한 더 불규칙하게 복수가 되는 것들도 있는데…

1) man – men, foot – feet, tooth – teeth, mouse – mice
2) ox – oxen, child – children
3) 단수와 복수가 같은 것도 있습니다.
sheep – sheep, deer – deer, fish – fish, Chinese – Chinese,
Swiss – Swiss, hundred – hundred, thousand – thousand

〈 명사의 소유격 〉

A) 단수 명사의 소유격 만들기 : 명사 + (') + -s
I know the girl's name. 나는 그 소녀의 이름을 안다.
A spider's leg is thin and long. 거미의 다리는 가늘고 길다.
My daughter's school has a big library. 내 딸의 학교에는 큰 도서관이 있다.

B) 복수 명사의 소유격 만들기 : 명사 + -s + (')
Spiders' legs are thin and long. 거미들의 다리들은 가늘고 길다.
Babies' shoes are cute. 아이들의 신발은 귀엽다.
They are selling children's toys. 그들은 아이들의 장난감을 판다.
(**불규칙한 복수명사의 소유격은 : 명사 + (') + s. ex : men's)

우리말의 복수는 '-들'만 붙이면 바로 복수가 되지만
영어는 -s만 붙이는 것이 아니라 예외도 많습니다. 하는 수 없지요,
그 때 그 때 외우는 수밖에요. ㅠ.ㅠ 악법도 법이고 영문법도 법이니까요.^^

enthusiasm : (명) 열중, 열심, 열광
even : (부) …조차, …까지도
beyond : (전) …의 저편에, 한도를 넘어서

조건 없이 사랑하는 것.
의도 없이 얘기하는 것.
판단하지 않고 들어 주는 것.
이유 없이 들어 주는 것.
그리고 기대감 없이 보살피는 것.

이것이 진정한 사랑의 예술이다.

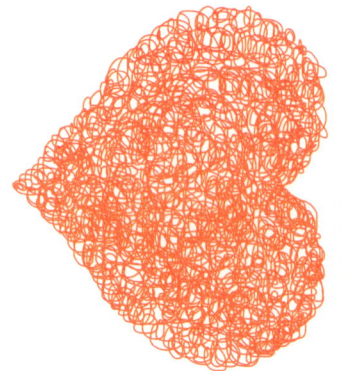

Love is composed of a single soul inhabiting two bodies.

사랑은
두 개의 육체에
깃들어 있는
하나의 영혼으로
이루어져 있다.
–아리스토텔레스–

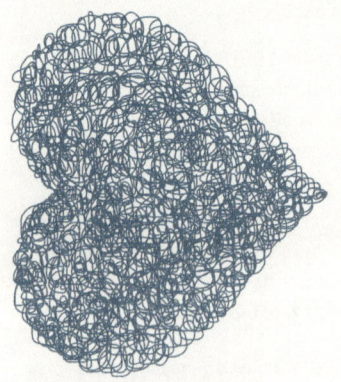

A : Where and how did you confess your love?
B : I was so nervous at that time I don't remember what I said.

A : 사랑고백을 어디서, 어떻게 했어요?
B : 그 당시 너무 긴장을 많이 해서 무슨 말을 했는지 기억이 잘 않나요.

Checking Grammar 수동태 is composed of

수동태는 'be동사 + 과거분사(p.p)'의 모양으로
be동사는 am, are, is, was, were, be 까지 모두 여섯 개 뿐이고,
과거분사(p.p)는 동사의 수만큼 많습니다.

Sam is hungry. 샘은 배가 고프다.
She is my cousin. 그녀는 내 사촌이다.

위의 문장들은 불완전 자동사 is가 있는 문장으로 형용사나 명사가 보어로 필요합니다.
과거분사도 형용사처럼 문장의 주어를 설명하거나 주어에 관한 정보를 주는 보어로
사용할 수 있습니다. 다음은 과거분사가 형용사로 사용된 예문입니다. (수동태형 형식)

She is tired. 그녀는 피곤하다.
The shop was closed. 그 가게는 문을 닫았다.
Are you lost? 길을 잃었니?

그리고 형용사처럼 쓰인 과거분사에는
특별한 전치사들과 전치사의 목적어가 뒤에 오는 것이 있습니다.

I am worried about you. 나 너 걱정하고 있어.
She is scared of mice. 그녀는 쥐를 두려워한다.
I am disappointed with you. 나는 너한테 실망했어.
I am interested in psychology. 나는 심리학에 관심이 있다. 등 꽤 됩니다. 참고로,

made of ~ 는 (…으로) 만들어 진, 형성된 :
Clouds are made of water. 구름은 물로 형성된다.
made from ~ 은 기점이나 출처를 밝힐 때, ~로 부터 :
Coins were made from bronze. 동전은 청동으로부터 만들어졌다.

compose : (동) …을 구성하다.
be composed of : …로 구성되어 있다.
single : (형) 단 하나의
inhabit : (동) …에 살다, 거주하다.

사랑한다는 것은
관심interest을 갖는 것이며,
존중respect하는 것이다.
사랑한다는 것은
책임감responsibility을
느끼는 것이며
이해하는 것이고,
사랑한다는 것은
주는 것give이다.

-에리히 프롬-

미숙한 사랑은
당신이 필요해서
당신을 사랑한다고 하지만
성숙한 사랑은
사랑하니까
당신이 필요하다고 한다.

Immature love says,
I love you
because I need you,
mature love says,
I need you
because I love you.

A : Can I get your phone number?
B : Sure. Do you have a pen?
A : 전화번호 좀 주시겠습니까?
B : 그럼요. 펜 가진 거 있어요?

Checking Grammar 부사절 because I need you, because I love you

부사는 보통 '형용사 + ly'를 붙여 부사가 되지만 (nice-nicely, kind-kindly, beautiful-beautifully …)그렇지 않은 것도 많습니다. (very, much, sometimes, always …) 하지만 단어가 어떻게 생겼던 간에 부사는 동사, 형용사 또는 다른 부사, 문장 전체를 꾸며 줍니다.

부사절은 '문장의 형태'로 부사의 성격과 같은 역할을 하는 것입니다.
다음의 두 문장들을 한 문장으로 만들어 보면,

1) I watched TV. I went to bed.
(after) → I went to bed after I watched TV.
나는 TV를 본 후에 자러갔다.
I went to bed.라는 완전한 문장이 앞에 after가 오면서 불완전한 문장이 되었지요.
그래서 after가 이끄는 부사절은 꼭 주절과 같이 써야 합니다.

2) I went out. I locked the door.
(before) → I locked the door before I went out. (= Before I went out, I locked the door.)
나는 외출하기 전에 문을 잠갔다.
before가 이끄는 부사절이 주절보다 앞에 올 경우 부사절 끝에 comma(,)를 합니다.

3) I am going to call mom. I will go to the park tomorrow.
(before) → Before I go to the park tomorrow, I am going to call mom.
나는 내일 공원에 가기 전에 엄마에게 전화할 예정이다.
before가 이끄는 시간 절(부사절)이 미래에 관해 말할 때 부사절의 시제는 현재형을 씁니다.

4) I closed my eyes. The sunlight was so bright.
(because) → Because the sunlight was so bright, I closed my eyes.
햇빛이 너무 밝았기 때문에 나는 내 눈을 감았다.

주절과 부사절(종속절)은 위치를 바꾸어도 되지만 부사절(종속절)이
문장 맨 앞으로 올 때 부사절 끝에 comma(,)를 꼭 붙여야 합니다.

자, 이제 명언에서 부사절을 찾아보시죠. 보이시나요?

immature : (형) 미숙한
mature : (형) 성숙한

포옹 하나만
빌릴 수 있을까요?
당신에게 되돌려 줄게요.
약속해요.

A : I like humorous man.
B : Me too. I didn't like the man I went out with last time because he was too blunt.

A : 나는 유머 있는 남자가 좋더라.
B : 나도 그래. 지난번에 만났던 남자는 너무 무뚝뚝해서 별로였어.

Checking Grammar 형용사절 that two can play and both win

형용사처럼 명사를 묘사(설명)하거나 명사에 관한 정보를 주는 형용사절에는
접속사와 대명사 역할을 하는 관계대명사가 있고,
그 관계대명사 앞에는 명사(선행사)가 있습니다.

관계대명사의 종류는
선행사가 사람일 때 who(m), that
사물이나 동물이면 which, that (that를 which보다 더 많이 씁니다.)
위치나 장소이면 where (= 전치사 + which)
시간을 나타낼 때는 when (= 전치사 + which)

이때, who나 which, when, where 등을
누구, 어느 것, 언제, 어디 로 해석하지 않습니다.

명언을 한 번 볼까요.

Love is a game that two can play and both win.
사랑은 둘이 하면서도 둘 다 이기는 게임이다.

that 앞에 game이라는 명사가 있고(선행사),
game이라는 명사 뒤에 'that으로 시작하는 문장(절)'이 있습니다. 이것이 '형용사절'입니다.
결론으로 얘기하면 '명사 뒤에 관계대명사로 시작되는 문장'을 형용사절 이라고 합니다.

참고로,
단문이란 '주어 + 동사'가 있는 단순한 문장이며 I am a student.
중문이란 '단문 + 단문'으로 두 개 이상의 단문이 등위접속사 and나 but으로 이어져 있는 것,
I am a student, and she is a teacher.
복문이란 '주절 + 종속절'로 단문들이 종속접속사 that이나 if(~한다면) 등으로 이어져 있는 것을
말합니다. I know that she is pretty. 같은 문장이나 명언처럼 말이죠. 참고로 알아두십시오.

can : (조동사) [+동사의 원형] 《현재·미래의 능력이나 가능성을 나타낼 때 쓰임》 …할 수 있다. …할 줄 안다.

달콤한 사랑이여...
아아, 네게
날개가 없었으면 좋겠는데.
-아이텐드르프-

The magic of first love is our ignorance that it can ever end.

첫사랑이 신비로운 것은 우리가 그것이 끝날 수
있다는 것을 모르기 때문이다.
-벤자민 디즈렐리-

A : Oh, if this is a dream, I wish to never wake up from it.
B : Wake up. I'm hungry. Let's have something to eat.
A : 아~, 이게 꿈이라면 영원히 깨지 않았으면 좋겠다.
B : 꿈 깨. 나 배고프다. 뭐 좀 먹자.

Checking Grammar 형용사절 that it can ever end

형용사절은 '문장(절)이 형용사 역할'을 하는 것입니다.

I bought a T-shirt. It had a picture of a dog in the front.

→ I bought a T-shirt that had a picture of a dog in the front.
나는 앞면에 개의 그림이 있는 티셔츠를 샀다.

that절이 앞의 명사 T-shirt를 수식하는 형용사절 입니다. (that ~)

The man always dresses in black. I see him every morning.

→ The man who(m) I see every morning always dresses in black.
내가 매일 아침 보는 그 남자는 항상 검정색으로 입는다. (who ~)

The books were used ones. I put them on the shelf.

→ The books which(that) I put on the shelf were used ones.
내가 선반 위 놓은 그 책들은 중고들이다. (which ~)

The curry and rice was delicious. Ann cooked it for me.

→ The curry and rice which(that) Ann cooked for me was delicious.
앤이 나를 위해 요리한 카레라이스는 매우 맛있었다. (which/that ~)

형용사절의 동사는 선행사가 단수형 명사이면 단수형 동사를
복수형 명사이면 복수형 동사를 써야 합니다.

The student who is standing next to James is my roommate.
제임스 옆에 있는 학생은 나의 룸메이트입니다.

The children who are riding bicycles are my brothers.
자전거를 타고 있는 아이들은 내 동생이다.

magic : (명) 마법, 요
ignorance : (명) 무식, 무지
can : (조동사) [+동사의 원형] 《현재·미래의 능력이나 가능성을 나타낼 때 쓰임》
　　　…할 수 있다. …할 줄 알다.
end : (동) 끝나다. [끝내다]

영어비빔밥

✚ HELP YOURSELF

CHAPTER 8

뚜껑을 닫기 전에 모든 재료를 적당히 섞어준다.

HAPPINESS

행복한 사람은 남을 위해 기도하고,
불행한 사람은 자기만을 위해 기도한다.

The happy one prays for others, while the unhappy one prays for himself.

사랑을 한다는 것은
사랑할 수 없는 것을 사랑하는 것이고
용서를 한다는 것은
용서할 수 없는 것을 용서하는 것이며
믿음이란 것은
믿을 수 없는 것을 믿는 것이랍니다.

The will of a man is his happiness.

인간의 의지가 곧 행복이다.

A : What time do you usually get up in the morning?
B : On weekdays normally between 5 and 5:30, in the weekends, around 7.
A : 아침에 보통 몇 시에 일어나십니까?
B : 평일은 5시에서 5시 30분, 주말에는 7시 정도입니다.

Checking Grammar 명사 will, man, happiness

문장에서 주어, 보어, 목적어로 쓰이는 명사는
셀 수 있는 명사(보통명사와 집합명사)와
셀 수 없는 명사(고유명사, 물질명사, 추상명사)로 나누고,
명사는 꼭 단수, 복수를 표시해야 합니다.

복수형은 단어 끝에 -s, -es를 붙이지만,
단어 끝이 s, sh, ch, x, o로 끝나면 -es를 붙이고,
'자음 + y'로 끝나면 y를 i로 고치고 -es를 붙이고,
단어 끝이 f, fe로 끝나면 v로 고치고 -es를 붙이지만 예외도 있습니다.

child – children
foot – feet
man – men, woman – women
mouse – mice

그리고 단수와 복수가 같은 것에는
deer – deer
fish – fish
sheep – sheep 등이 있습니다.

형용사구나 형용사절의 수식을 받는 명사에는 'the(정관사)'를 앞에 붙입니다.

The will of a man
인간의 의지

The coffee on a table
탁자위의 커피

The girl who is riding a horse is my niece.
말을 타고 있는 소녀는 내 조카다.

will : (명) (행동을 취하기 위한) 의지· 의지력· 소망
happiness : (명) 행복, 기쁨

존경 없는 사랑은 날아가고
보살핌 없는 사랑은 지루하다.
정직함 없는 사랑은 불행이며
믿음 없는 사랑은 불안정하다.

THE HAPPY ONE PRAYS FOR OTHERS, WHILE THE UNHAPPY ONE PRAYS FOR HIMSELF.

행복한 사람은 남을 위해 기도하고,
불행한 사람은 자기만을 위해 기도한다.

A : Have you ever prayed for someone else?
B : Now that I think about it, I don't think so.
A : 남의 위해 기도해 본 적이 있으십니까?
B : 생각해보니 없는 것 같은데요.

Checking Grammar 대명사 one, others, one, himself

대명사(Pronoun)는 명사(또는 명사구) 대신에 쓰는 말로
명사와 마찬가지로 주어, 목적어, 보어로 쓰입니다.

명언에 있는 one이나, others는 정해지지 않은 사람이나,
사물, 또는 수량을 나타내는 부정대명사이며, 주요 부정대명사로는
one, any, some, other, another, all, each, every가 있습니다.

one은 일반 사람을 말하고
또, 먼저 말한 명사의 반복을 피하려고 할 때 사용합니다.
Tony has two dogs. The small one is difficult, but the big one is friendly.
토니는 개 두 마리가 있다. 작은 개는 까다롭지만, 큰 개는 친밀하다.
Do you have any books on animals? I want to borrow one.
동물에 관한 책을 갖고 있니? 그 책을 빌리고 싶은데.

〈 재귀대명사 〉
1) 동작이 자기 자신에게 돌아갈 때 :
Help yourself.
마음대로 드세요.

He hurt himself.
그는 다쳤다.

2) 뜻을 강조 할 때 :
He himself told his mother.
그 스스로가 그의 엄마에게 말했다. (he를 강조)

The car itself is so old.
차 자체가 너무 낡았다. (The car를 강조)

one : (대명사) 사람, 것
pray : (동) [to-v / that / for] 기도 하다, 빌다
other : 그 밖의 것의 의미
while : (접속사) …이지만; … 임에 비하여[반하여] while 앞에 comma(,)를 한다.
unhappy : (형) 불행[불운] 한
himself : (대명사) 《동사의 목적어 또는 전치사 뒤에서 주어 또는 목적어의 행동 주체와 행동의 대상일 때 씀》

행복을 나비와 같다고 보는 사람도 있습니다.
왜냐면 나비는 쫓으면 쫓을수록 당신에게서 벗어나지만
당신이 다른 것에 관심을 돌리면
나비는 당신 어깨위에 사뿐히 앉을 것이기 때문이랍니다.

Money
can't buy happiness, but neither can poverty.

행복은 돈으로 살 수 없지만,
가난으로도 살 수 없다.
-레오 로스텐-

A : Could you wrap up a bundle of red roses nicely for me?
B : Is it a gift? Birthday or graduation?
A : 빨간 장미 한다발을 예쁘게 포장해 주세요.
B : 선물인가요? 생일 아니면 졸업식?

Checking Grammar 조동사 can (부정은 can't) can의 과거형 could

동사 앞에 쓰여 동사를 도와주는 조동사 중에서
현재와 미래의 가능성이나 능력의 뜻을 갖는 조동사 can의 여러 표현.

1) I studied hard to learn English. I can read English novels now.
나는 영어를 배우기 위해 열심히 공부했다. 이제는 영어소설을 읽을 수 있다.

2) Can you solve this puzzle?
이 수수께끼를 풀 수 있니?

3) She can swim but can't dive.
그녀는 수영할 수 있지만, 다이빙은 못한다.

4) Ann could read a book when she was three.
앤은 세 살 때 책을 읽을 수 있었다.

5) Could I ask you some questions?
질문을 해도 될까요? (could는 can 보다 공손하고 정중한 표현입니다.)

6) Jane had a fever. She could be sick.
제인이 열이 있다. 그녀는 병이 난 것 같다.

7) Keep waiting. You will be able to fish for eel.
기다려라. 장어를 낚을 수 있을 거야.

*조동사끼리는 나란히 쓰지 않고 위의 예문처럼
can 대신에 '조동사구'인 be able to로 쓰면 됩니다.

can : (조동사) [+동사의 원형] 《현재·미래의 능력이나 가능성을 나타낼 때 쓰임》 …할 수 있다. …할 줄 알다.
부정어 : can not, can't
neither : (둘 중에) 이쪽도 아니고 저쪽도 아니다.
poverty : (명) 가난, 빈곤

최고의 행복은
1년을 마무리하는 시기에
연초 때의 자신의 모습보다
훨씬 더 나아졌다고 느끼는 것이다.
-톨스토이-

They must often change if they wish to be consistently happy or wise

늘 행복하고 지혜로운 사람이 되려면
자주 변해야 한다.
-공자-

A : You changed your hair style. It's pretty.
B : Do you think it suits me?
A : 헤어스타일이 바뀌었네요. 예쁜데요.
B : 제게 어울려 보이나요?

Checking Grammar 조동사 must, will의 과거 would

〈 must 〉
must는 '반드시 ~해야 한다'는 매우 '강력한 의무'를 표현할 때 쓰며,
부정형은 must not (= mustn't) 즉, Don't의 의미입니다.

I must mail this letter today.
오늘 나는 이 편지를 부쳐야 한다.

You must take care of your children.
당신은 당신의 아이들을 돌보아야 한다.

If you want to get into the stadium, you must buy a ticket.
경기장에 들어가려면, 당신은 표를 사야 한다.

You must not be late to work.
직장에 늦게 도착해서는 안 된다.

You must not drive your car after drinking.
너는 술을 마신 후에는 차를 운전해서는 안된다.

〈 will 과 would 〉
1) It'll rain soon. You will need an umbrella.
곧 비가 내리겠네. 너는 우산이 필요할 거야. (단순미래, 추측)

2) Will you have some more coffee?
커피 더 드시겠어요? (정중한 제의)

3) Would you do me a favor?
저에게 호의를 베풀어 주시겠습니까? (will 보다 would는 상당히 공손한 표현)

4) I would often go to the park when the weather was good.
날씨가 좋은 날에는 나는 종종 공원에 가곤 했다. (would_과거의 불규칙적인 습관)

참고로 과거의 매우 규칙적인 습관을 나타낼 때는 used to를 씁니다.
I used to go there every Sunday.
나는 매주 일요일마다 거기에 (꼬박꼬박) 가곤했다. (used to_과거의 매우 규칙적 습관)

must : (조동사) [+동사원형] 《필요·의무 등을 나타내는 데 쓰여》 …해야 한다.
often : (부) 종종, 자주. 일반 동사 앞에 온다.
consistently : (부) 끊임없이, 항상, 일관되게, 착실히
happy : (형) 행복한, 즐거운, 기쁜
wise : (형) 영리한, 현명한, 총명한

삶에 있어서 사라지면
다시는 돌아오지 않는 것 3가지.

시간 Time
말 Words
기회 Opportunity

Most folks
are about
as happy as they make up
their minds to be.

대부분의 사람은 마음먹은 만큼 행복하다.
-에이브러햄 링컨-

A : Are you satisfied with the result?
B : Very much. My result was better than what I had expected.
A : 결과에 만족하십니까?
B : 매우 만족합니다. 기대보다 좋은 결과가 나왔거든요.

Checking Grammar 비교 as happy as

영어는 원급(형용사, 부사) 외에 비교급과 최상급을 두어
비교를 할 때 사용하며 'as … as'도 비교에 쓰이는 표현입니다.

〈 as … as 〉

1) as + 형용사/ 부사 + as + 대명사(명사, 주어+동사) : 둘을 비교할 때 '…만큼, …정도로'
James is very tired. Jim is very tired.
제임스는 매우 피곤하다. 짐은 매우 피곤하다.
James is as tired as Jim.
제임스는 짐만큼 매우 피곤하다. (똑같이 피곤하다.)

2) 부정은 '~만큼 … 하지는 않다.'
James is not very tired. Jim is very tired.
제임스는 아주 피곤하지는 않다. 짐은 매우 피곤하다.
James is not as tired as Jim.
제임스는 짐만큼 피곤하지는 않다.

명언에 있는 as + 형용사나 부사의 원급 + as는 둘을 비교할 때,
둘의 정도가 같음을 말할 때 쓰이며
happy 뒤에 나오는 두 번째 as는 접속사로
명사, 대명사, 절(s+v)'이 뒤에 오고, '~하는 만큼'의 뜻입니다.

most : (대명사) 《many, much의 최상급》 최대 수, 최대량(액), 대부분
folks : (명) 일가, 친척, (특히) 부모
as … as : 《비교에 쓰여》 … 만큼, … 정도로 [as+형용사 /부사+as]
make up one's mind : 결정하다. 결심하다.

입안이 행복할 때,
함께 못 먹는 사람 떠올리며
깔끔히 남김없이 싹싹~~.

THE DISCOVERY OF A NEW DISH DOES MORE FOR HUMAN HAPPINESS THAN THE DISCOVERY OF A NEW STAR.

새로운 요리의 발견이
새로운 별의 발견보다
인간을 더 행복하게 만든다.
-앙텔므 브리야 샤바랭-

A : Is there a recommendable steak house around here?
B : Unfortunately, there are none around here.
A : 이 근처에 추천할 만한 스테이크 집이 있나요?
B : 아쉽게도 여긴 없습니다.

Checking Grammar 비교 more ~ than

둘 중에 하나를 비교할 때
형용사나 부사 뒤에 -er만 붙이면 비교급이 되는 것도 있고,
형용사나 부사 앞에 more를 붙이는 것도 있습니다.

형용사나 부사 앞에 쓰여 비교급을 나타내는 more가 명사 앞에 쓰이면 (more + 명사)

1) more의 의미는 '첨가된, 추가된'이 되고, 'than'을 쓸 필요가 없습니다.

I want to drink some more water.
나는 물을 더 마시고 싶네요.

I need more information about this.
이것에 관한 정보가 더 필요합니다.

2) than을 써서 완벽한 비교를 할 때에 more는 명사와 함께 사용됩니다.

There are more people in the shopping mall than there are in the market.
시장보다 쇼핑몰에 더 많은 사람들이 있다.

I sold more books in this month than (I did) last month.
나는 지난달보다 이번 달에 책을 더 팔았다.

discovery : (동) (불명·미지의 것을) 발견하다.
dish : (명) 한 가지 요리(의 분량)
happiness : (명) 행복, 기쁨
than : (접속사) 《비교급에 써서 차이를 나타냄》 …보다(는, 도)

제일 먼저 사과하는 이가 가장 용감하고
제일 먼저 용서하는 이가 가장 강인하고
제일 먼저 잊어버리는 이가 가장 행복하답니다.

TO BE HAPPY, WE MUST NOT BE TOO CONCERNED WITH OTHERS.

행복해지려면 다른 사람에게
지나친 관심을 갖지 말아야 한다.

–서양 속담–

A : What are you interested in these days?
B : Health. I have started running marathons.
A : 요즘 관심있는 일은 무엇입니까?
B : 건강이요. 마라톤을 시작했습니다.

Checking Grammar to부정사 To be

to부정사는 'to + 동사원형'의 꼴로
문장에서 명사, 형용사, 부사처럼 쓰이고,
명언처럼 문장 맨 앞에 쓰여
문장전체를 수식하는 부사의 역할을 경우가 많습니다.

〈 to부정사가 부사처럼 쓰일 때 〉
to부정사가 부사처럼 쓰인다는 말은
문장 안에서 동사, 형용사, 부사를 꾸며 주는 역할을 한다는 뜻입니다.

부사의 역할 : '~하기 위하여'란 목적을 나타낼 때.
Why did you go to the bank?
왜 은행에 갔니?

1) I went to the bank because I wanted to deposit some money.
2) I went to the bank in order to deposit some money.
3) I went to the bank to deposit some money.

1), 2), 3)모두 같은 뜻으로
'나는 돈을 좀 입금하기 위해 은행에 갔다.'
in order to에서 in order는 자주 생략 됩니다.

must : (조동사) [+동사원형] …해야 한다. 부정: must not
too : (부) 필요 이상으로; 너무
concern : (동) [about, with] …을 걱정하다. …에 관계하다.
concerned : (형) 걱정[염려]스러운

어느 장사꾼이 여기저기 돌아다니며 외쳤습니다.
"행복의 비결을 팝니다." 순식간에 많은 사람들이 모여든 건 당연한 일.
"행복을 내게 파시오. 값은 후하게 쳐드리리다."
많은 사람들이 뜨거운 관심을 보이자 장사꾼이 말했습니다.
"행복의 참 비결은 자기 혀를 조심해 쓰는 것입니다."
-탈무드-

WE HAVE NO MORE RIGHT TO CONSUME HAPPINESS WITHOUT PRODUCING IT THAN TO CONSUME WEALTH WITHOUT PRODUCING IT.

재물은 스스로 만들지 않는 사람에게는 쓸 권리가 없듯이
행복도 스스로 만들지 않는 사람에게는 누릴 권리가 없다.
—조지 버나드 쇼—

A : You look happy.
B : Shall I share some happy virus with you?
A : 행복해 보이시네요?
B : 행복 바이러스를 좀 나누어 드릴까요?

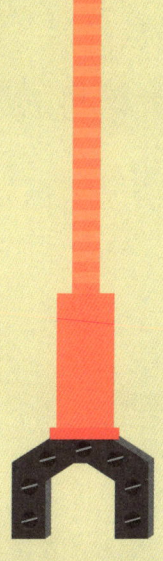

Checking Grammar to부정사 to consume

〈 to부정사가 형용사처럼 쓰일 때 〉

'~할', ~하는'의 뜻으로 'to부정사가' 문장 안에서
명사 뒤에서 형용사처럼 명사를 수식합니다. (명사 + to부정사)

I had no time to iron this shirt.
나는 이 셔츠를 다릴 시간이 없었다.

She gave the waiter the money to pay the bill for the meal.
그녀는 웨이터에게 음식비를 지불할 돈을 주었다.

I need something to wash the smudge on the floor.
나는 마루에 묻은 얼룩을 닦을 뭔가가 필요하다.

no : 《명사, 명사를 수식하는 형용사, 동명사, 비교급 앞에 쓴다.》 조금도[전혀] …않다.
right : (명) 권리
consume : (동) 소모[소비]하다.
produce : (동) …을 생산하다, 공급하다.
wealth : (많은 액수의) 재산, 부

199

행복은 쫓아가 구할 물건이 아니다.
다만 즐거운 표정과 웃음을 늘 띠고 있음으로써
복이 들어오는 근본으로 삼아야 한다.
-채근담-

Life's greatest happiness is to be convinced we are loved.

인생에 있어서 최고의 행복은
우리가 사랑받고 있음을 확신하는 것이다.
-빅터 위고-

A : You look happier than you did yesterday.
B : I wasn't expecting much, which is why I'm feeling a lot more happy now.
A : 오늘은 어제보다 더 행복해 보이시네요?
B : 큰 기대를 하지 않았기 때문에 기쁨이 더 큽니다.

Checking Grammar 수동태 be convinced, are loved

'(주어가) ~당하다, ~되다.'의 의미를 갖는 수동태는
능동태 문장의 목적어를 강조하기 위해서 만듭니다.

A) 능동태 문장을 수동태로 바꾸는 방법

첫 째 : 능동태의 목적어를 수동태의 주어로 쓴다.
(목적어가 있는 타동사만이 수동태로 바꿀 수 있습니다.)

둘 째 : 동사는 수동태의 기본형인 'be동사 + 과거분사'로 바꾸고
시제는 능동태의 시제와 일치시킨다.

셋 째 : 능동태의 주어를 수동태 문장 뒤에 'by'의 목적어로 넣으면 끝!!

The news surprises us. (놀라게 하다.)
We are surprised by the news. (놀랐다.) [수동태 현재]

The company hired me. (고용했다.)
I was hired by the company. (고용되었다.) [수동태 과거]

Tom has opened the box. (열었다.)
The box has been opened by Tom. (열렸다.) [수동태 현재완료]

Kate is going to write the letters. (쓸 예정이다.)
The letters are going to be written by Kate. (쓰여 질 예정이다.) [수동태 미래]

B) 수동태 문장에서 전치사 by가 생략되거나 다른 전치사를 쓰는 경우

첫 째 : 주어가 꼭 누구인지 밝히지 않아도 되는 일반적인 경우
(you, us, them, people 등)

둘 째 : 누가 그 일을 했는지 분명치 않거나 중요하지 않을 때
(건물을 지었다거나, 전쟁이 발발했거나 … 등)

greatest : (형) great 의 최상급
happiness : (명) 행복, 기쁨
convince : (동) [+(that)] 〈남에게〉 확신[납득] 시키다; 〈남을〉 설득하다.

유지자사경성有志者事竟成
사람은 하고자 하는 뜻만 있으면 즉, 뜻이 강하고 굳은 사람은 어떠한 난관에 봉착해도 기필코 자신이 마음먹었던 일을 성취하고야 만다는 뜻. '하고자 하는 뜻'이 '마음 에너지'입니다.

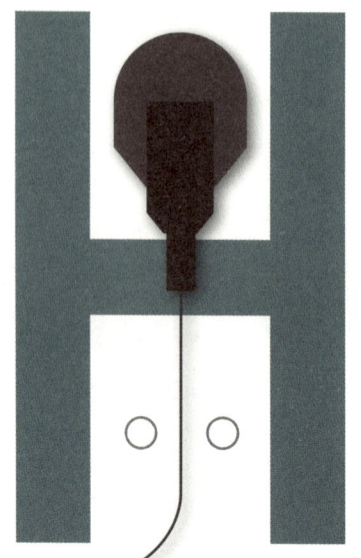

행복은 우리에게
건강의 근본이 되는
에너지를 준다.
-앙리 프레데릭 아미엘-

HAPPINESS
GIVES US THE ENERGY
WHICH IS THE BASIS OF HEALTH.

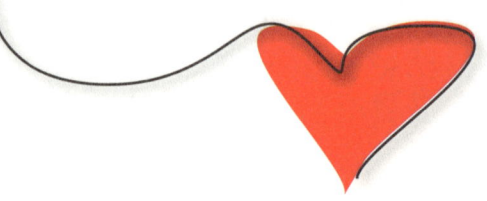

A : Wow. Look at how much energy this fish has.
B : Honey, let's just let it go.

A : 와우. 지금 잡은 이 놈(물고기) 힘(에너지) 좀 봐.
B : 자기야, 그냥 놓아주자.

Checking Grammar 형용사절 which is the basic of health

형용사처럼 명사를 묘사(설명)하거나
명사에 관한 정보를 주는 형용사절을 이끄는 관계대명사는
선행사가 사람일 때 who,
사물이나 동물이면 which,
위치나 장소이면 where,
시간을 나타낼 때는 when을 쓰지만
사람이나, 사물, 위치, 시간 등에 구분 없이
that을 써도 틀리지는 않습니다.

관계대명사는 접속사와 대명사 역할을 하며,
관계대명사 바로 앞에 나오는 명사를 '선행사'라 부르고
형용사절은 반드시 명사(선행사) 뒤에 위치합니다.

The watermelon is very sweet. It has no seeds.
→ The watermelon which has no seeds is very sweet.
그 씨가 없는 수박이 매우 달다. (which~~)

The watermelon had no seeds. I bought it yesterday.
→ The watermelon which I bought yesterday had no seeds.
내가 어제 산 수박은 씨가 없었다. (which~~)
*목적격관계대명사로 쓰인 which는 생략가능

happiness : (명) 행복, 기쁨
energy : (명) (사람의) 활기, 활력, 에너지
basis : (명) 바탕, 기초, 근거
health : (명) 건강 (상태), (병이 없이) 건장함

Wisdom ♠ Experience
지혜 ♠ 경험

지혜의 첫 장은 정직이다.

Honesty is the first chapter in the book of wisdom.
-코머스 제퍼슨-

honesty : (명) 정직(함)
chapter : (명) (긴 기사나 책의) 장
wisdom : (명) 지혜로움

**I hear and I forget.
I see and I remember.
I do and I understand.**

들은 것은 잊어버린다.
본 것은 기억한다.
해본 것은 이해한다.
-공자-

remember : (동) 기억하다.

Learn wisdom by the follies of others.

남의 실수를 보고 지혜를 배운다.

wisdom : (명) 지혜로움 / folly : (명) 어리석은 짓.

Knowledge in youth is wisdom in age.

젊어서 지식은 늙어서 지혜이다.

knowledge : (명) 지식, 학식 / youth : (명) 젊은 때[시절]
wisdom : (명) 지혜로움 / age : (명) 고령

Wisdom comes along through suffering.

지혜는 고통을 통하여 체득되는 것이다.
-서양 속담-

wisdom : (명) 지혜로움 (셀 수 없는 명사) / come along : 잘 진행되다, 일어나다.
suffer : (동) 고통 받다, (고난을) 겪다.

**One of the greatest gifts we can give
to another generation is our wisdom.**

우리가 후세에게 물려줄 수 있는 가장 위대한 선물 중 하나는 우리의 지혜입니다.
-데즈먼트 투투-

generation : (명) 세대
wisdom : (명) 지혜로움

노여움이 일면,
그 결과를 생각하라.
**When anger rises,
think of the consequences.**
-공자-

think of : 고려하다, 생각하다. / consequence : (명) 결말, 결과

By other's faults wise men correct their own.
현명한 자는 다른 이의 잘못을 보고 자신의 잘못을 바로 잡는다.

fault : (명) 잘못, 과실 / correct : (동) 정정하다.

**Life's tragedy is that we get old
too soon and wise too late.**
인생의 비극은 우리가 너무 일찍 늙고
너무 늦게 현명해 진다는 것이다.
―벤자민 프랭클린―

tragedy : (명) 비극 / wise : (형) 현명한 / too : (부) 필요이상으로, 너무

**When brain is in use we feel very good.
Understanding is joyous.**
두뇌를 사용할 때 우리는 기분이 매우 좋다.
이해한다는 것은 즐거운 일이다.
―칼 세이건―

use : (명) 사용, 이용 / in use : 이용되는, 사용 중의 / joyous : (형) 기쁨을 주는

**To acquire knowledge, one must study;
but to acquire wisdom, one must observe.**
지식을 얻으려면 공부를 해야 하고, 지혜를 얻으려면 관찰을 해야 한다.
―마릴린 보스 사번트―

acquire : (동) (작업·기능·행위 등으로) 취득하다, 입수하다. / knowledge : (명) 지식, 학식
one : (대명사) 사람, 것 / wisdom : (명) 지혜로움
must : (조동사) 《필요·의무·강제 등을 나타내여》 …해야 한다. / observe : (동) 관찰하다.

**Tomorrow hopes
we have learned something from yesterday.**
내일은 우리가 어제로 부터 무엇인가 배웠기를 바란다.
―존웨인―

hope : (동) [+ to-v / (that)/ for] 바라다, 기대하다.

Nothing is a waste of time if you use the experience wisely.

경험을 현명하게 사용한다면, 어떤 일도 시간 낭비는 아니다.
-오귀스트 르네 로댕-

nothing : (대명사) 조금도 … 않다, 아무것도 … 아니다. / waste : (명) 손실, 낭비,
허비 / if : (접속사) … 이라면, 만일 … 이면 / wise : (형) 현명한, wisely: (부)

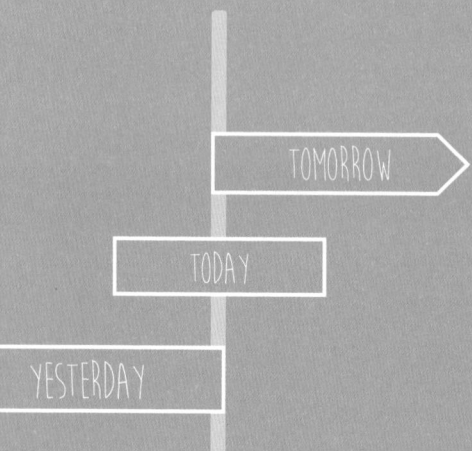

어제는
오늘의
스승이다.

Today is the scholar of yesterday.

scholar : (명) 학자

**Experience is a dear teacher,
but fools will learn at no other.**

경험은 소중한 스승이지만 바보는 경험해도 배우지 못한다. -벤자민 프랭클린-

dear : (형) 소중한 / fool : (명) 어리석은 사람, 바보 / will : (조동사) [+동사의 원형]《미래를 나타내는 데 사용하여》 / no :《명사, 명사를 수식하는 형용사, 동명사, 비교급 앞에 쓴다》 조금도[전혀] …않다.

**Believe the one who has proved it.
Believe an expert.**

그것을 증명한 사람을 믿으라. 전문가를 믿으라. -베르길리우스-

one : (대명사) 사람, 것 / prove : (동) … 을 입증하다, 진위를 증명하다. / expert : (명) 전문가

**Experience is a hard teacher because she gives
the test first, the lesson afterwards.**

경험은 엄한 스승이다. 먼저 시험에 들게 하고, 그 후에 교훈을 주기 때문이다. -버논 샌더스 로-

because : (접속사) …한 이유로, …때문에 / lesson : (명) 수업, 교훈 / afterwards : (부) 나중에, 그 후

**You cannot acquire experience by making
experiments. You cannot create experience.
You must undergo it.**

실험을 통해 경험을 얻을 수 없다. 만들 수도 없다. 반드시 겪어야 얻는다. -알베르 카뮈-

acquire : (동) (작업·기능·행위 등으로) 취득하다, 입수하다. / experiment : (명) 실험
create : (동) 〈새로운 것을〉 만들어 내다. / undergo : (동) 〈특히 고통·고난을〉 경험하다, 겪다.

**Experience is the name everyone gives
to their mistakes.**

경험이란 모든 사람이 자신의 실수에 붙이는 이름이다. -오스카 와일드-

everyone : (대명사) 항상 단수형 동사를 갖는다. / mistake : (명) 실수, 잘못

**I've finally realized that being grateful to my body
was key to giving more love to myself.**

내 신체에 감사하는 것이 자신을 더 사랑하는 열쇠임을 비로소 깨달았습니다. -오프라 윈프리-

finally : (부) 마지막으로 일반동사 앞에 온다. / realize : (동)[+(that)] 〈사실을〉 깨닫다
grateful : (형) 감사하는

영어비빔밥

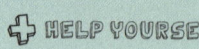

CHAPTER 9

도시락 뚜껑을 닫은 후 양손으로 비빔밥 재료들이 잘섞이도록 마구 흔든다.

The wildest colts make the best horses.

가장 난폭한 망아지가 명마가 된다.

EDU CATION

아인슈타인과 미국기자와의 인터뷰 중에 일어난 것입니다.

기자 : 음속(소리가 퍼져나가는 속도)의 값은 얼마입니까?
아인슈타인 : 저는 책에서 쉽게 찾을 수 있는 것은 머릿속에 기억해 두지 않습니다.
당황한 아인슈타인 표정을 내심 기대했던 기자는 도리어 당황하는 꼴이 되고 마는데
그를 보며 아인슈타인이 한 마디 덧붙입니다.
"교육의 목적은 정보습득이 아닙니다.
사고하는 법을 훈련하는 것! 그것이 교육의 본질입니다."

내 자신의 무지를 절대 과소평가하지 마라.
-알버트 아인슈타인-

A : You have a lot of common knowledge.
B : I read newspapers as a hobby.
A : 상식이 풍부하시네요.
B : 신문을 읽는 게 취미입니다.

Checking Grammar 대명사 your, own

명사 또는 명사구 대신에 쓰이는 말-대명사!

〈 소유대명사와 소유형용사 〉

The book on the table belongs to me.
식탁 위의 책은 내거야.

1) It is mine.
그것은 내 것이다. (mine은 소유대명사)

2) It is my book.
그것은 나의 책이다. (my는 소유형용사)

소유대명사는 뒤에 명사 없이 홀로 사용 되지만 소유형용사는 뒤에 명사가 꼭 따라 옵니다.

소유형용사 : my, your, her, his, our, their, its

소유대명사 : mine, yours, hers, his, ours, theirs, (it의 소유대명사는 없음)

I need my notebook.
나는 내 공책이 필요하다.

I need mine.
나는 내 것이 필요하다.

You need your notebook. (너의)

You need yours. (너의 것)

She needs her notebook. (그녀의)

She needs hers. (그녀의 것)

He needs his notebook. (그의)

He needs his. (그의 것)

We need our notebooks. (우리의)

We need ours. (우리의 것)

They need their notebooks. (그들의)

They need theirs. (그들의 것)

never : (부) 전혀 …않다. 결코(하지) 않다.
underestimate : (동) 과소평가하다, 너무 낮게 (싸게) 어림잡다.
own : (대명사) 자기 자신의
ignorance : (명) 무식, 무지

무슨 일을 하든지 간에
새로운 도전에는 언제나
'수업료'라는 게 필요한 법입니다.
그만한 수고나 시련 없이
순조롭기만 한 일은
도전이 아닙니다.

There is no education like adversity.

역경만한 교육은 없다.
-서양 속담-

A : I think we passed the crisis.
B : There's still a lot of things left to do.
A : 어려운 고비를 넘긴 것 같습니다.
B : 아직도 할 일이 많이 남아 있어요.

Checking Grammar 동사 There is

There is + 단수명사(주어)와
There are + 복수명사(주어)는 관용표현입니다.
뜻은 '(단지) ~가 있다.' '(단지) ~들이 있다.'

There is a chair.
의자가 있다.
There are chairs.
의자들이 있다.

이처럼 뒤에 명사만 붙이면 끝.

의문문을 만들 때는? there와 is(are)의 위치만 바꾸면 됩니다.
Is there a pen?
펜이 있습니까?

어디에 있는지를 나타내려면? 장소를 뒤에 살짝 붙여주면 됩니다.
There is a pen on the table.
There are books on the desk.

부정문을 만들 때는? There is 나 There are 뒤에 not을 넣으면 OK!!
There isn't(=is not) a cup on the table.
There aren't(=are not) cups on the table.

쉬운 것 같지만 쉽지 않은 것!
'거기에 컵이 있었다.'를 영어로 하면?
There was a cup there.

no : 《명사, 명사를 수식하는 형용사, 동명사, 비교급 앞에 쓴다.》: 조금도(전혀)…않다.
education : (명) 교육
adversity : (명) 역경, 불운
like : (전) …과 유사하여, …과 다름없이

공부벌레들에게 잘 해주십시오.
나중에 그 사람 밑에서 일하게 될 수도 있습니다.
-빌 게이츠-

The wildest colts make the best horses.

가장 난폭한 망아지가 명마가 된다.

-데미스토클레스-

A : Have you ever ridden a horse?
B : Yes. It was when I traveled to Jeju island.

A : 말을 타본 적이 있으십니까?
B : 예. 제주도에 여행 갔었을 때요.

Checking Grammar 최상급 wildest, best

셋 이상의 것을 비교한 '최상급'은 '… 중에서 가장 ~하다.' 란 뜻으로
최상급은 전체 그룹의 한 부분을 그룹의 남은 모두와 비교하는 것입니다.

최상급은 the로 시작하고, 보통의 형태는 '원급 + -(e)st' 모양입니다.

〈 최상급 만들기 〉

1) 최상급을 만드는 기본 형태 : 보통은 형용사, 부사 뒤에 -(e)st를 붙여 '가장 ~하다'의 뜻
tall – the tallest / small – the smallest / long – the longest / wise – the wisest …

2) '자음 + y'로 끝나는 말은 y를 i로 고치고 -est를 붙입니다.
easy – the easiest / busy – the busiest / happy – the happiest …

3) '단모음 + 자음'으로 끝나는 것은 원급의 어미에 자음을 한 번 더 쓰고 난 후에 -est를 붙입니다.
hot – the hottest / big – the biggest / thin – the thinnest

4) 단어 끝이 -ful, -able, -less, -ous 등으로 끝나는 형용사, -ly로 끝나는 부사
그리고 3음절 이상의 긴 단어는 앞에 most를 붙입니다.
interesting – the most interesting / slowly – the most slowly …

5) 최상급의 모양이 완전 다르게 변하는 것도 있습니다.
good (좋은) – better – best
well (훌륭한) – better – best
bad (나쁜) – worse – worst
ill (아픈) – worse – worst
many, much (많은) – more – most
little (적은) – less – least

최상급의 대표적인 것이 best로,
'The Best of the Best!' '최고 중에 최고'란 말도 있습니다.

wildest : (형) 사나운, 길들여지지 않은
colt : (명) 수망아지

불치하문不恥下問
자신이 모르는 것을 나보다 어린 사람,
아랫사람에게 물어 배우는 것은
결코 부끄러운 일이 아니라는 뜻입니다.
되도록 정중하게 물어봅시다.

One father is more than a hundred schoolmasters.

아버지 한 명이 교장선생님 백 명보다 낫다.
-서양 속담-

A : Do you have regular conversations with your father?
B : Yes, we talk almost everyday.
A : 아버지와 대화를 자주 하는 편입니까?
B : 예, 거의 매일 하곤 합니다.

Checking Grammar 비교 more than

둘 중에 하나를 비교할 때 사용되는 비교급.

〈 비교급 만들기 〉

1) 비교급을 만드는 기본 형태 : 보통은 형용사, 부사 뒤에 –er를 붙여 '더~하다'의 뜻
tall – taller / small – smaller / long – longer / wise – wiser …

2) '자음 + y'로 끝나는 말은 y를 i로 고치고 –er를 붙입니다.
easy – easier / busy – busier / happy – happier …

3) '단모음 + 자음'으로 끝나는 것은 원급의 어미에 자음을 한 번 더 쓰고 난 후에 –er를 붙입니다.
hot – hotter / big – bigger / thin – thinner

4) 단어 끝이 –ful, –able, –less, –ous 등으로 끝나는 형용사나 –ly로 끝나는 부사,
3음절 이상의 긴 단어는 앞에 more를 붙입니다.
famous – more famous / interesting – more interesting / slowly – more slowly

5) 비교급의 모양이 완전 다르게 변하는 것도 있습니다.
good – better / bad – worse / many, much – more / little – less …

〈 비교급의 일반적인 표현 〉

1) A is younger than B.
A는 B보다 어리다. (young – younger)

2) A is more gentle than B.
A는 B보다 더 친절하다. (gentle – more gentle)

schoolmaster : (명) 남자 선생님 / 교사
than : 《비교급에서 차이를 나타냄》 …보다(는, 도)

온고이지신溫故而知新
옛 것을 익히고 그것을 미루어서 새 것을 앎.
-논어論語 위정편爲政篇-

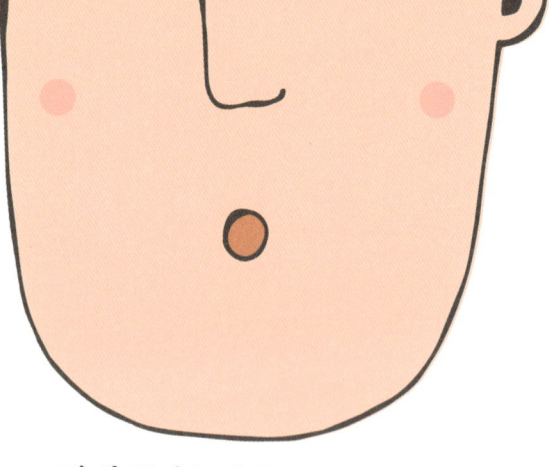

Education's purpose is to replace an empty mind with an open one.

교육의 목적은 비어 있는 머리를 열려 있는 머리로 바꾸는 것이다. -말콤 포브스-

A : I have a bit of a headache.
B : Take some pills and have a rest.
A : 머리가 좀 아프네요.
B : 약을 드시고 좀 쉬는 게 좋겠어요.

Checking Grammar to부정사 to replace

to부정사는 'to+동사원형'의 꼴로 문장에서 명사, 형용사, 부사처럼 쓰입니다.

〈 to부정사가 명사처럼 쓰일 때 〉
'~하는 것' ~하기'의 뜻으로 문장 안에서 주어, 목적어, 보어의 역할을 합니다.

To teach my own children is very hard.
내 아이를 가르치는 것은 매우 힘들다. (주어 역할)

He always wants to watch the news during meals.
그는 항상 식사시간에 뉴스를 보길 원한다. (목적어 역할)

The parent's duty is to look after their baby.
부모의 의무는 그들의 아기를 돌보는 것이다. (보어 역할)

참고로,

I would like to go to Switzerland.
나는 스위스에 가고 싶다. (가는 사람은 나)

I would like you to go to Switzerland.
나는 네가 스위스에 갔으면 좋겠다. (가는 사람은 너)

education : (명) 교육, 뒤에 (-'s) 가붙어서 소유격 형태가 됨.
purpose : (명) 의도, 계획
replace : (동)[with] (사람·사물을) (더 좋고, 더 새로운 다른 것 등으로) 바꾸다.
empty : (형) 빈, 비어 있는

창조는
생각으로부터
나오는 것.
마음에
정신이 붙게 하세요.

SEEING MUCH,
SUFFERING MUCH,
AND STUDYING MUCH,
ARE THE THREE
PILLARS OF LEARNING.

많이 보고 많이 겪고 많이 공부하는 것은
배움의 세 기둥이다.
―벤자민 디즈라엘리―

A : Where are you thinking of going this summer vacation?
B : I've been thinking of going on a trip to Europe for a long time now.
A : 올 여름 휴가는 어디로 갈 생각이십니까?
B : 오래 전부터 유럽여행을 생각하고 있었습니다.

Checking Grammar 동명사 Seeing, suffering, studying, learning

'동사 + ing'를 붙인 동명사는 명사의 역할을 합니다. 해석은 '~하는 것' 문장에서 주어, 목적어, 보어로 쓰이며, 또 전치사의 목적어로도 쓰입니다.

〈 동명사와 현재분사의 차이 〉

동명사 : '~하기 위한' 의 뜻
parking lot 주차를 하기 위한 공간_주차장,
waiting room 기다리기 위한 방_대기실,
driving license 운전하기 위해 필요한 면허증_운전면허증,
shopping bag 쇼핑하기 위한 가방_쇼핑백.

현재분사 : '~하고 있는' 의 뜻
running man 달리는 남자,
boiling water 끓고 있는 물,
rocking chair 흔들의자

〈 전치사의 목적어로 쓰인 동명사의 예 〉

She talked about buying a new house.
그녀는 새 집을 구입하는 것에 대해 말했다.

She forgave him for breaking a promise.
그녀는 그가 약속을 어긴 것에 대해 용서해 주었다.

Tim argued Kate out of going.
팀은 케이트를 설득하여 가지 말도록 했다.

suffer : (동) 고통 받다, 괴로워하다.
pillar : (명) 두리기둥

늙을 때까지가 아니라,
죽을 때까지 배웁시다.

Isn't it a pleasure to study, and to practice what you have learned?

배우고 때로 익히면 또한 기쁘지 아니한가
(學而時習之 不亦說乎 / 학이시습지 불역열호)
—공자—

A : When did you learn English?
B : In primary school, I had a foreign friend.
A : 영어는 언제 배우셨습니까?
B : 초등학교 때, 외국인 친구가 있었습니다.

Checking Grammar 현재완료 have learned

영어권 사람들의 머릿속에는 과거가 두 개 입니다.
하나는 단순과거이고, 또 하나는
과거에 있던 일이 현재까지 연결된 '완료'라는 것입니다.
현재완료의 모양은 have(has) + 과거분사(p.p)입니다.

〈 현재완료 have/has p.p 〉

1) 현재완료의 해석은 '현재까지 ~했다.'로 해석하는 것이
이해를 돕는데 가장 좋으며, 아래 두 문장이
과거와 현재완료를 이해하는데 도움을 줄 것입니다.

I finished it yesterday.
나는 그것을 어제 끝냈다. (과거 finished)

I have finished it.
나는 그것을 (현재) 끝냈다. (현재완료 have finished)

2) 현재완료의 부정은 have나 has 뒤에 not만 붙이면 됩니다.

I have not met him before.
나는 그를 전에 만난 적이 없다. (have not = haven't)

3) 현재완료의 의문문은 have나 has가 맨 앞에 나오면 됩니다.

She has arrived. → Has she arrived?
그녀가 (현재) 도착했다. → 그녀가 (현재) 도착했나요?

pleasure : (명) 기쁨, 즐거움
practice : (동) 연습(훈련) 하다.

내가 변하지 않는 한
이미 갖고 있는 것 말고는
아무 것도 얻을 수 없다는
신념을 가집시다.

Man who has had a dream for a long time will finally get looked like the dream.

오랫동안 꿈을
그리는 사람은
마침내 그 꿈을
닮아간다.

A : Who do you take after out of your parents?
B : My looks are from my mom, my personality from my dad.
A : 부모님 중에 누구를 닮았나요.
B : 외모는 어머니를 닮고 성격은 아버지를 닮았습니다.

Checking Grammar 현재완료 has had

현재완료의 모양은 have(has) + 과거분사(p.p)
현재완료의 해석은 '현재까지 ~했다.'로 하는 것이 좋습니다.

⟨ since 또는 for와 함께 쓰인 현재완료 ⟩

어떤 상황이 과거에서 시작해서 현재까지 계속되는 경우를 나타낼 때.

1) since 뒤에는 0시, 0요일, 0월, 0년도, 시간절 등이 옵니다.

I have been in this shop since ten o'clock this morning.
나는 오늘 아침 10시부터 지금까지 이 가게에 계속 있었다.

I have had this clothes since 2002.
나는 2002년 이후 계속 이 옷을 가지고 있다.

I have lived here since I got married.
나는 내가 결혼한 이후 계속 여기에 살고 있다.

2) for 뒤에는 시간의 길이 (몇 분, 몇 시간, 몇 년, 몇 달, 몇 주)가 옵니다.

I have been in this shop for twenty minutes.
나는 20분 동안 이 가게에 있었다.

I have had this clothes for many years.
나는 여러 해 동안 이 옷을 가지고 있다.

I have lived here for ten months.
나는 10개월 동안 여기에 살았다.

*for에 쓰인 명사 끝에 -s가 붙는 것에 주의 하세요.

will : (조동사) 《미래를 나타내는 데 사용》 will +부사(finally) +동사원형
like : (전) 마찬가지로, …과 다름없이

밥상머리교육이 필요한 시대라 생각합니다.
오늘 저녁은 가족이 함께 하시지요.

AS THE OLD COCK CROWS, THE YOUNG COCK LEARNS.

늙은 수탁이 우는 소리를 어린 수탁이 따라 배운다. -서양 속담-

A : How do you like your chicken cooked?
B : Fried chicken of course.

A : 닭요리 어떻게 한 것을 좋아하세요?
B : 당연히 후라이드 치킨이죠.

Checking Grammar 부사절 As the old cock crows

부사는 동사, 형용사 또는 다른 부사, 문장 전체를 꾸며 주며,
부사절은 문장의 형태로 부사의 성격과 같은 역할을 하는 것입니다.

As는 원인과 결과의 부사절을 이끄는데 주로 문장 앞에 쓰입니다.
(대화하는 두 사람이 이미 알고 있는 '원인'임)
as와 비슷한 표현으로 since가 있으며 뜻은 …하므로.

〈 as and since 〉

As he has no money, he can't buy a car.
그는 돈이 없으므로 차를 살 수 없다.

As she is a chef, she can help your birthday party.
그녀는 요리사이므로 너의 생일 파티를 도울 수 있다.

As she has no car, she needs a ride to get there.
그녀는 차가 없어서 거기에 가려면 태워다 주어야 한다.

Since we don't have food, we have to go shopping.
우리는 음식이 없으니 장을 보러 가야한다.

cock : (명) 수컷, 수탉
crow : (동) (수탉이) 꼬끼오 하고 울다.
as : (접속사) …하면서; …이므로[하므로]

경험이
사람을 유식하게 만드는지는
잘 모르겠지만
적어도 노련하게 만드는 건
분명합니다.

뛰기 전에 걷는 것부터 배워라.
인생은 오르막과 내리막의 연속이다.
-서양 속담-

A : How much do you walk per day?
B : 2km on a regular basis.
A : 하루에 걷는 양이 어느 정도입니까?
B : 보통 규칙적으로 2Km정도는 걷습니다.

Checking Grammar 부사절 before you run

부사는 동사, 형용사 또는 다른 부사, 문장 전체를 꾸며 주며,
부사절은 문장으로 부사의 역할을 하는 것입니다.
when, before, after, while 등이 이끄는 부사절은 불완전한 문장이라
항상 주절과 함께 쓰입니다.

When I opened the door, my dog tried to jump out of the house.
내가 문을 열었을 때, 나의 개가 집밖으로 뛰어 나가려고 했다.

Before she went out, she checked the gas valve.
그녀는 외출하기 전에, 가스 밸브를 확인했다.

He drank a glass of water before he went to bed.
그는 자러가기 전에 물 한 잔을 마셨다.

Before I go to work, I am going to drink a cup of coffee.
일하러 가기 전에, 나는 커피 한 잔을 하려고 한다.

*위의 문장처럼 시간절에는 미래형을 쓰지 않습니다.
(before I will go가 아닌 before I go로)

learn : (동) 목적어로 to부정사를 갖는다.
before : (접속사) …보다 이전에
full of : (…이) 많이 있는, 풍부한

영어비빔밥

✚ HELP YOURSELF

CHAPTER 10

잘섞인 비빔밥에
적당량의 참깨를
솔솔~~

SELF
-IN
VEM

IMPROVEMENT

**For myself
I am an optimist,
it does not seem to be
much use being
anything else.**

나로 말할 것 같으면 긍정주의자인데,
다른 주의자가 돼 봤자 별 쓸모가
없는 것 같기 때문이다.

완벽(완성)이란
무엇 하나 덧붙일 것이 없는 상태가 아니라
무엇 하나 떼어낼 것이 없는 경지를 말한다.
-생 텍쥐페리-

Practice makes perfect.

계속하면 완벽해진다.
-서양 속담-

A : Wow. It finally looks perfect.
B : It's looking better now with everyone's ideas put together.
A : 와, 드디어 완벽해 보이네요.
B : 여러사람의 아이디어를 모았더니 더 좋게 되었습니다.

Checking Grammar 문장의 형식

아무리 복잡하고 긴 문장이라도 모든 글은 5형식으로 이루어 졌습니다.
문장의 기본 요소는
주어(Subject-S), 동사(Verb-V), 목적어(Object-O), 보어(Complement-C)로
부사절이나 부사구, 전치사구, 감탄사는 문장의 구성요소에 포함되지 않습니다.
1형식, 2형식은 '사랑 편'에서 알아보았으니 나머지 3형식, 4형식, 5형식도 알아보겠습니다.

1) 3형식 문장 : 주어(S) + 동사(V) + 목적어(O)

동사의 목적어로는 명사, 명사구, 명사절, to부정사, 동명사가 옵니다.
(즉, 명사의 역할을 하는 것들이 온다는 뜻.)

I like dogs. 나는 개를 좋아한다.
I know how to play cards. 나는 카드놀이 하는 법을 안다.
I believe that he will keep the promise. 나는 그가 약속을 지킬 거라고 믿는다.
I like to go there. 나는 거기에 가고 싶다.
I like singing. 나는 노래하는 것을 좋아한다.

2) 4형식 문장 : 주어(S) + 동사(V) + 간접목적어(I·O) + 직접목적어(D·O)

4형식의 동사를 흔히 수여동사(주는 동사)라 하고,
4형식에 주로 쓰는 동사는 give, teach, tell, lend, show, buy, make, ask 등이 있습니다.

She showed me her wedding album. 그녀는 나에게 그녀의 결혼 앨범을 보여 주었다.
He bought his son a toy. 그는 그의 아들에게 장난감을 사주었다.

3) 5형식 문장 : 주어(S) + 동사(V) + 목적어(I·O) + 목적보어(O·C)

5형식에 자주 등장하는 동사는 call, make, name 등이 있습니다.

She makes me angry. 그녀는 나를 화나게 한다.
She calls me a genius.
그녀는 나를 천재라 부릅니다.
We named our group 'Man4'. 우리는 우리 모임을 '맨4'라 이름 지었습니다.

practice : (명) 연습, 훈련
perfect : (형) 완전한, 완벽한

아름다운 장미꽃에
하필이면 가시가 돋쳤을까 생각하면 속이 상한다.
하지만 아무짝에도 쓸모 없는 가시에서 저토록 아름다운
장미꽃이 피어났다고 생각하면 오히려 감사하고 싶어진다.
- 법정 -

나로 말할 것 같으면 긍정주의자인데, 다른 주의자가 돼 봤자 별 쓸모가 없는 것 같기 때문이다. —윈스턴 처칠—

**or myself
I am an optimist,
it does not seem
to be much use
being
anything else.**

A : You have a very positive personality.
B : Yes, I try to look at everything from a positive point of view.
A : 무척 긍정적인 성격이시군요?
B : 예, 모든 것을 긍정적으로 보려고 노력합니다.

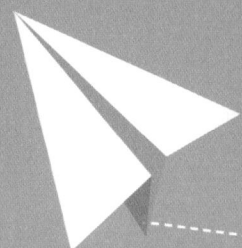

Checking Grammar 동사 am, does, seem, be

'~이다.' 와 '~에 있다.'로 해석되는
be동사 am, is, are, was, were, be 이외의 동사를
모두 일반 동사라 했습니다.

일반 동사의 부정문은
주어가 나 (I), 너 (You), 우리 (We), 그들 (They)일 때는
주어 + don't (= do not) + 동사원형

주어가 그, 그녀, 그것 (He, She, It-3인칭 단수)일 때는
주어 + doesn't (= does not) + 동사원형 입니다.

I do not work today.
나는 오늘 일하지 않는다.
You don't need to worry about it.
너는 그것을 걱정할 필요가 없다.
She does not have the key.
그녀는 열쇠를 가지고 있지 않다.
That bicycle doesn't belong to me.
저 자전거는 내 것이 아니다.

명언에 보듯 대명사 it이 주어 (3인칭 단수) 라 뒤에 does가 있고,
부정형이라 not이 함께 있음을 확인할 수 있습니다.

optimist : (명) 낙천주의자
seem : (동) [+to-v] …으로 생각되다[여겨지다].
use : (명) 사용, 쓸모
anything : 《부정문·의문문 등에만 써서》 아무것도, 무엇인가
else : (부) 이외에, 그 밖에

사람은 태어 날 때 주먹을 쥐고 있지만
죽을 때는 주먹을 편다.
태어날 땐 세상 모든 것을 쥐려 하기 때문이고,
죽을 때는
가진 모든 것을 남은 사람에게
주고 가기 때문이랍니다.

THERE IS NO
GREAT
GENIUS
WITHOUT SOME
TOUCH OF
MADNESS.

약간의 광기를 띠지 않은
위대한 천재란 없다.

A : What do you think of my annual report?
B : Excellent!!
A : 제 연간 리포트를 어떻게 생각하시나요?
B : 아주 훌륭합니다!!

Checking Grammar 형용사 great, some

형용사는 주로 명사 앞에서 명사의 모양이나 성질, 색깔, 크기 등 명사의 상태를 묘사하거나 정보를 줍니다.
양·수를 나타내는 형용사 'some'의 뜻은 약간의, 얼마간의

〈 some, any, no 〉

Some parts of the forest are damaged by the fire. 화재로 숲의 일부지역이 손상되었다.
Would you like some coffee? 커피를 좀 드시겠어요?
I bought some fruit. 나는 약간의 과일을 샀다.
I want to drink some water. 나는 물을 좀 마시고 싶다.

부정문에서는 some이 아닌 any나 no가 쓰입니다.
I have some socks. 나는 양말이 좀 있다.

부정문은
I don't have any socks.
I have no socks.
나는 양말을 갖고 있지 않다.

'any'는 의문문과 부정문에만 사용됩니다. 뜻은 얼마간의
Do you have any food? 먹을 것 좀 있나요?
Are there any calls for me? 나에게 온 전화가 있어요?
'no'는 수와 양에 모두 쓰이고, 뜻은 조금도(전혀)…않다(없다).

1) **명사 앞** : no sugar / no socks

2) **동명사 앞** : no parking

3) **명사를 수식하는 형용사 앞** : no purple tie

4) **비교급 부사 앞** : no better

*no 뒤에는 단수·복수형 명사가 모두 올 수 있습니다.

no : 《명사, 명사를 수식하는 형용사, 동명사, 비교급 앞에 쓴다.》 조금도[전혀] …않다.
genius : (명) 천재
without : (전) … 없이[는]
touch : (명) 감촉, 약간, 조금
madness : (명) 미침, 광란

태생이 노예가 아닌데
노예로 살다 죽는다 생각해 보십시오.

Patterning your life around other's opinions is nothing more than slavery.

다른 사람의 생각에 인생을 맞춰가는 것은 노예나 다름없다.
-라와나 블랙웰-

A : I agree with your opinion.
B : Thank you. Now I just need two more.
A : 당신의 의견에 동의합니다.
B : 감사합니다. 이제 두 명 더 필요합니다.

Checking Grammar 전치사 around

명사나 대명사 앞에 오는 전치사는
종류도 많고 용도에 따라 쓰이는 곳도 다릅니다.

〈 around 〉

1) … 을 둘러싸고
They stood around the fountain.
그들은 분수를 둘러싸고 섰다.

He put a frame around the picture.
그는 그림을 액자에 끼웠다.

2) … 의 여기저기로
They walked around the shopping center.
그들은 쇼핑센터의 여기저기를 돌아다녔다.

Toys lying around the room.
방 여기저기에 놓여 있는 장난감.

3) … 의 근처[주변]에
He lives somewhere around here.
그는 여기 근처 어딘가에 살고 있다.

The earth revolves around the sun.
지구는 태양 주위를 회전한다.

4) … 을 돌아서
The bookstore is around the post office.
그 책방은 우체국을 돌면 있다.

pattern : (동) 모형을 본떠 만들다, 무늬를 넣다.
around : (전) …의 주위에
opinion : (명) (… 에 대한) 의견
than : (접속사) 《비교급에 써서 차이를 나타냄》 …보다(는), …에 더하여
slavery : (명) 노예제도, 노예상태(처리)

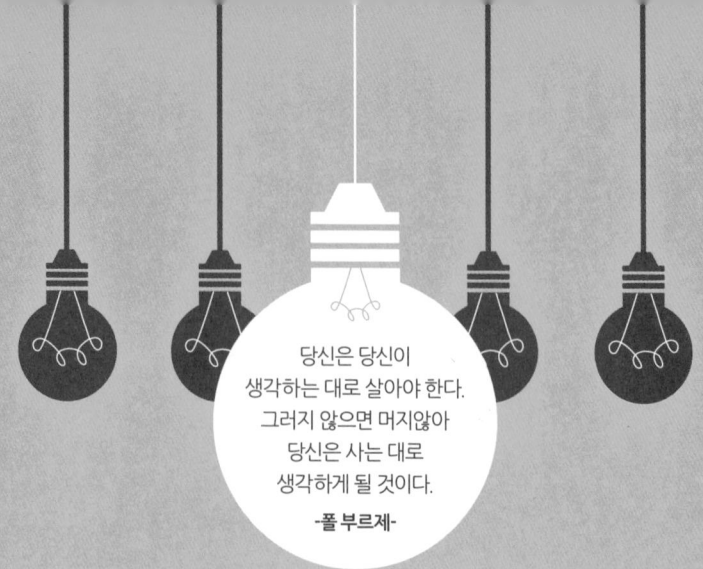

당신은 당신이 생각하는 대로 살아야 한다. 그러지 않으면 머지않아 당신은 사는 대로 생각하게 될 것이다.
-폴 부르제-

IN ORDER TO BE IRREPLACEABLE ONE MUST ALWAYS BE DIFFERENT.

그 무엇으로도 대체할 수 없는 존재가 되기 위해서는 늘 남달라야 한다.
-가브리엘 코코 샤넬-

A : Show me your talent.
B : Please turn on some music. A cheerful one.
A : 당신의 재능을 보여 주십시오.
B : 음악을 좀 틀어 주십시오. 경쾌한 것으로.

Checking Grammar 조동사 must

조동사 must는 필요(반드시 ~해야 한다), 추정(… 임에 틀림없을 것이다.) 등을 나타내는 데 쓰입니다. 과거형은 had to이고, 부정은 '필요'의 뜻일 때 must not (~해서는 안 된다.) 또는 don't have to (… 할 필요가 없다.)입니다. must not 은 금지의 의미, don't have to는 don't need to와 같습니다. '추정'의 뜻일 때 부정은 can't입니다.

〈 must 〉

You must leave at seven today.
너는 오늘 7시에 떠나야 한다.

You must not smoke in the building.
당신은 이 건물에서 담배를 피우면 안 됩니다.

You must study today.
너는 오늘 공부해야한다.

You must feel very tired after your journey.
여행 후라 너는 매우 피곤하겠구나.

in order to : …하기 위해
irreplaceable : (형) (너무 특별하거나 유별나서) 교환[교체, 대신]할 수 없는
one : (대명사) 사람, 것
must : (조동사)《필요·의무·강제 등을 나타내어》… 해야 한다. (과거형은 had to)
always : (부) 언제나, 항상. 빈도부사 always는 조동사와 동사원형 사이에 위치한다.

사람이 죽을 때
보편적으로 후회하는 것 세 가지.

첫째, 베풀지 못한 것에 대한 후회
둘째, 참지 못한 것에 대한 후회
셋째, 좀 더 즐기며 행복하게 살지 못한 것에 대한 후회

If you want your life to be more rewarding, you have to change the way you think.

여러분이 보다 보람찬 인생을 살려면
생각하는 방식을 바꿔야 합니다.
-오프라 윈프리-

A : I want to know why you changed your mind all out of a sudden.
B : I just found a more rational way.
A : 갑자기 당신의 생각이 바뀐 이유가 궁금한데요?
B : 더 합리적인 방법을 찾았을 뿐이에요.

Checking Grammar 조동사 have to 현재, 과거, 미래, 부정형

"조동사는 동사를 도와준다."
"조동사 뒤에는 반드시 동사원형이 쓴다."

have to, have got to, must는 기본적으로 같은 뜻으로
have to를 must보다 자주 사용합니다.
과거의 형태는 had to, 부정은 do not have to (… 할 필요가 없다.)입니다.

〈 have to, don't have to 〉

She has to go to the meeting.
그녀는 회의에 가야 한다. (현재)

I've got to go now.
나는 지금 가야 해. (현재)

I have to finish homework before I go to bed.
나는 잠자러 가기 전에 숙제를 끝내야 한다. (현재)

He had to finish a composition last night.
그는 지난밤에 작문을 끝냈어야 했다. (과거)

I had to mail this document yesterday.
나는 어제 이 서류를 우편으로 부쳤어야 했다. (과거)

Tomorrow is Sunday. I don't have to get up early.
내일은 일요일이다. 일찍 일어날 필요가 없다. (부정)

There is a lot of fruit in the refrigerator. You don't have to buy any.
냉장고 안에 과일이 많이 있다. 과일을 살 필요가 없어. (부정)

if : (접속사)《if절이 결과 절보다 앞에 오면 if절 끝에 comma(,)를 한다.》…이라면, 만일 … 이면
rewarding : (형)〈경험・행위가〉(할 만한) 가치 있는, 보람 있는
have to / have got to : (조동사) [+동사원형]《must와 같이》…해야 한다.
way : (명) 방식, 방법

속마음이 어떻든 간에
항상 승자처럼 보이도록 노력하세요
비록 남보다 뒤쳐져 있더라도
계속 자신 있고 당당해
보이는 모습을 잃지 않으면
승리를 가져다 줄 정신적인
힘이 생길 것입니다

FAKE IT
till you
MAKE IT

실제로
그렇게
될 때까지
그런
체하라.

A : You have a great deal of imaginations.
B : I've enjoyed imagining things by myself ever since I was young.
　　A : 당신은 풍부한 상상력을 가지고 있네요.
　　B : 어렸을 때부터 혼자 상상하는 것을 좋아했습니다.

Checking Grammar 부사절 till you make it.

부사는 동사, 형용사 또는 다른 부사,
문장 전체를 꾸며 주며,
부사절은 문장의 형태로 부사와
같은 역할을 하는 것입니다.

종속접속사 When, After, Since, Because, While, If 등이
문장 앞에 와서 부사절이 되는데,
부사절은 불완전한 절이라 항상 주절과 함께 씁니다.

〈 till, until 〉

종속접속사 till, until : …(할 때) 까지, … 가 될 때 까지

You cannot play until you finish your homework.
숙제를 끝낼 때 까지 너는 놀 수 없어.

Keep driving straight until you get to the intersection, and then turn left.
교차점에 도착 할 때 까지 똑바로 운전하다가, 그런 다음에 왼쪽으로 도세요.

Can you keep this for me till I come back for it?
내가 찾으러 올 때 까지 이것을 간직할 수 있겠어요?

We won't start the party till you come.
당신이 올 때 까지 우리는 파티를 시작하지 않을 겁니다.

(until, till이 있는 부사절[시간절]에는 미래를 나타 낼 때, 현재형을 씁니다.)

fake : (동) 날조[조작]하다, 위조하다.

아이디어를
순 우리말로 하면?

말 된다.

*I not only use all the
brains that I have,
but all that I can borrow.*

나는 내 머리를 최대한 활용할 뿐 아니라,
다른 사람의 머리도 최대한 많이 빌린다.
—우드로 윌슨—

A : Wow, that's a brilliant idea!
B : It costs nothing to use one's brain.
A : 와우, 매우 훌륭한 아이디어네요!
B : 머리를 쓰는 것은 공짜거든요.

Checking Grammar 형용사절 that I have, that I can borrow

형용사처럼 명사를 묘사(설명)하거나 명사에 관한 정보를 주는 형용사절은
'접속사와 대명사 역할'을 하는 관계대명사로 시작하는 절로, 명사(선행사)뒤에 위치합니다.

선행사가 사람일 때 who(that), 사물이나 동물이면 which(that), 위치나 장소이면 where,
시간을 나타낼 때는 when 등의 관계대명사가 쓰입니다.

〈 관계대명사 - 주격용법 〉

관계대명사가 주어인 명사나 대명사 대신 쓰인 것.
(that으로 대신 쓸 수도 있지만 선행사가 사람인 경우 that보다는 who가 더 많이, 더 자주 쓰입니다.)

That man is my fiance. He is waving at me.
저 남자가 내 약혼자야. 그는 나에게 손을 흔들고 있어.
→ That man who is waving at me is my fiance.
나에게 손을 흔드는 저 남자가 내 약혼자야.

〈 관계대명사 - 목적격용법 〉

관계대명사가 목적어인 명사나 대명사 대신 쓰인 것. (관계대명사 생략가능)

The bus is always empty. I ride it to work every morning.
그 버스는 항상 비어있다. 나는 매일 아침 직장에 그 버스를 타고 간다.
→ The bus that I ride to work every morning is always empty.
내가 매일 아침 직장에 타고 가는 버스는 항상 비어 있다.

The bananas were very sweet. I bought them yesterday.
바나나가 매우 달았다. 나는 어제 바나나를 샀다.
→ The bananas that I bought yesterday were very sweet.
내가 어제 산 바나나는 매우 달았다.

only : (부) 단지, …만, …뿐 (관련어구 앞에 놓을 것)
can : (조동사) [+동사의 원형] 《현재·미래의 능력이나 가능성을 나타낼 때 쓰임》 …할 수 있다. …할 줄 알다.
but : (전) 그 대신에, (이) 아니고; not one, but two! (하나가 아니라, 둘이야!)
borrow : (동) (…을) 빌리다.

자신에게 소중한 것 20개를 적어보세요.
사람이든 물건이든... 무엇이든 좋아요.
그 나머지 것은 아마 무척 작아 보일 겁니다.

What you risk reveals what you value.

당신이 어떤 위험을 감수 하냐를 보면,
당신이 무엇을 가치 있게 여기는지 알 수 있다.
-자넷 윈터슨-

A: I want to do something worthwhile.
B: Isn't what you're doing at the moment worthwhile?
A: 가치있는 일을 하고 싶습니다.
B: 지금 하고 있는 것이 가치있는 일 아닌가요?

Checking Grammar 명사절 What you risk, what you value

앗! 이렇게 반가울 수가!! 명사절이 주어 자리에 있는 것과
명사절이 목적어 자리에 동시에 있는 명언이 있네요.
옆에 보시다시피 동사 reveal을 중심으로
의문사 what으로 시작되는 문장이 앞뒤에 예쁘게 자리하고 있습니다.

동사는 종종 뒤에 목적어로 명사나 명사구, 명사절을 가짐으로써
글의 내용을 더 풍부하게 하며,
명사절은 명사와 같은 역할로 주어, 보어, 목적어로 쓰입니다.

의문사로 시작하는 명사절의 어순은
의문사 + S + V (간접의문문의 형태)로 되어 있고,
의문사로는 when, where, why, which, how 등이 있으며,
if는 '~인지', whether은 '~인지 아닌지'로 해석합니다.

I can't remember where I put it.
내가 그것을 어디에 두었는지 기억나지 않는다.

I can't remember what happened then.
그 때 무슨 일이 있었는지 기억나지 않는다.

Can you tell me why you are angry?
당신이 왜 화가 났는지 말해 줄 수 있나요?

Do you understand what he is talking about?
그가 무엇에 관해 말하는지 이해하시나요?

Do you know if (whether) she's coming?
그녀가 오는지 안 오는지 아십니까?

I'll find out if (whether) she's going, too.
그녀도 가는 지 알아봐야겠다.

risk : (동) 위험에 내 맡기다, 감행하다.
reveal : (동) 드러내 보이다, 나타내다.
value : (동) …을 높이 평가하다, 중시하다.

나의 운명이 달라지게 하려면
'스스로 달라지는 것' 말고
또 뭐가 있을까요?

DREAM AS IF YOU'LL LIVE FOREVER,
LIVE AS IF YOU'LL DIE TODAY.

영원히 살 것처럼 꿈꾸고,
내일 죽을 것처럼 오늘을 살라.
-제임스 딘-

A : How was your day today?
B : I lived it intensely. In order to survive.
A : 당신의 오늘 하루는 어떠셨습니까?
B : 치열하게 살았지요. 생존을 위해서.

Checking Grammar 가정법 as if

가정법은 없는 것을 있었더라면…
가지지 못했던 것을 가졌더라면,
하고 가정이나 상상을 하는 것입니다.

가정법에 쓰이는 표현으로는 if 외에
wish와 as if (as though)가 있습니다.

〈 wish, as if(as though) 〉

1) wish의 뜻은 〈현재 불가능한 것을〉 바라다, 원하다.
형태는 I wish + 주어 + 과거동사

I wish the weather weren't so hot.
날씨가 너무 덥지 않으면 좋겠다.

I wish I could fly.
내가 날 수 있으면 좋겠다.

2) as if (as though) 는 접속사로 뜻은 마치 … 인 것처럼
형태는 as if + 주어 + 과거동사

I couldn't move my body.
내 몸을 움직일 수 없었다.
It was as if it was stuck to the bed.
마치 몸이 침대에 달라붙은 것 같았다.

Why doesn't he buy us a cup of coffee?
왜 그는 우리에게 커피 한잔 사지 않는 걸까?
It isn't as if he had no money!
돈이 없는 것은 아닐 텐데!

She behaved as though she were the host.
그녀는 주인인 것처럼 행세했다.

dream : (명) 꿈, (동) 꿈을 꾸다.
as if also **as though** : (접속사) 마치… 인 것처럼, …처럼[같이]
will : (조동사) [+동사의 원형] 《미래를 나타내는 데 사용하여》
forever also **for ever** : (부) 영원히

Ethics ♥ Friend
윤리 ♥ 친구

10　10　09

조금만 더 겸손했더라면 나는 완벽했을 것이다.

**If I only had a little humility,
I'd be perfect.**

-테드 터너-

if : (접속사) ⋯ 이라면, 만일 ⋯ 이면 / only : (부) 단지, ⋯만, ⋯뿐 / humility : (명) 겸손
perfect : (형) 완벽한

Write injuries in dust, benefits in marble.

받은 상처는 모래에 기록하고 받은 은혜는 대리석에 새겨라. -벤자민 프랭클린-

injury : (명) 손해, 손상 / **benefit** : (명) 유리, 이익 / **marble** : (명) 대리석

Politeness and consideration for others is like investing pennies and getting dollars back.

예의와 타인에 대한 배려는 푼돈을 투자해 목돈으로 돌려받는 것이다. -토머스 소웰-

polite : (형) 공손한, 예절바른 **politeness** : (명) / **consideration** : (명) 고려, 배려, 존중
invest : (동) 투자하다 / **penny** : (명) 푼돈 / **like** : (전) …과 유사하여; …과 다름없이

A clear conscience is a good pillow.

깨끗한 양심은 잠을 잘 들게 하는 부드러운 베개이다.

clear : (형) 맑은, 투명한, 깨끗한 / **conscience** : (명) 양심 [어순: a + 형용사 + 명사]

Gratitude is not only the greatest of virtues, but the parent of all others.

감사하는 마음은 최고의 미덕일 뿐 아니라 모든 미덕의 어버이다. -키케로-

gratitude : (명) 감사(하는 마음), 감사의 / **only** : (부) 단지, …만, …뿐
virtue : (명) 선, 선행, 장점, 덕 / **parent** : (명) 어버이
but : (전) 그 대신에, (이) 아니고; not one, but two! (하나가 아니라, 둘이야!)

Be slow in choosing a friend, slower in changing.

친구를 고르는 데는 천천히, 친구를 바꾸는 데는 더 천천히. -벤자민 프랭클린-

choose : (동) (많은 것 가운데서) 고르다 / **slow** : (부) 천천히 slower 《비교급》

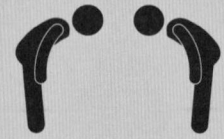

사람이 공손해서 잃는 것은 없다.

One never loses anything by politeness.

one : (대명사) 사람, 것 / never : (부) 전혀… 않다, 결코 (…하지) 않다.
lose : (동) …을 잃다. / anything : (대명사) 《부정문·의문문에》 아무것도, 어떤 일도
polite : (형) 공손한, 예절바른 politeness: (명)

Rudeness is the weak man's imitation of strength.

무례함이란 약자가 강한 척하는 것이다. -에릭 호퍼-

rude : (형) 무례한, 건방진 rudeness : (명) / weak: (형) 약한, 허약한
man's : man의 소유격 / imitation : (명) 모방, 흉내 내기
strength : (명) 힘, 세기

Virtue subdues power.

덕德은 힘을 승복시킨다. -서양 속담-

virtue : (명) 선, 선행, 장점, 덕 / subdue : (동) 억제하다, 제압하다.

Respect yourself and others will respect you.

스스로 존경하면 다른 사람도 그대를 존경할 것이니라. -공자-

will : (조동사) [+동사의 원형] 《미래를 나타내는 데 사용하여 》

Words that come from the heart enter the heart.

마음에서 나오는 말은 마음으로 들어간다. -서양속담-

word : (명) 말, 언어 / heart : (명) 마음 / enter : (동) 들어가다(오다).

Silent company is often more healing than words of advice.

말없이 있어 주는 친구가 장황한 충고보다 더 큰 위로가 된다. -서양 속담-

silent : (형) 말없는, 무언의 / company : (명) 회사, 친구, 동료 / often : (부) 종종, 자주
more : (부) 《many, much의 비교급》 더 (많이, 크게) / heal : (동) (상처 등이) 낫다.
than : (접속사) 《비교급에 써서 차이를 나타냄…보다(는), …에 더하여.

**In giving advice,
seek to help,
not to please
your friend.**

친구에게 충고할 때는 즐겁게 하지 말고,
도움이 되도록 하라.

advice : (명) 충고, 조언 / seek : (동) (…을) 찾다.
please : (동) (남을) 기쁘게[즐겁게] 하다.

역경은
누가 진정한 친구인지
가르쳐준다.

Adversity does teach who your real friends are.
adversity : (명) 역경, 불행 / does : teach를 강조하는데 쓰였다.

Money can't buy friends,
but it can get you a better class of enemy.
돈으로 친구를 살 수는 없지만 돈으로 더 나은 부류의 적을 얻을 수는 있다. -스파이크 밀리건-

can : (조동사 [+동사원형]《현재·미래의 능력이나 가능성을 나타낼 때》…할 수 있다. …할 줄 알다.
class : (명) 계급, 부류

In prosperity our friends know us;
in adversity we know our friends.
풍요 속에서는 친구들이 나를 알게 되고, 역경 속에서는 내가 친구를 알게 된다.
-존 철튼 콜린스-

prosperity : (명) (특히 재정적인) 행운, 번영 / adversity : (명) 역경, 불행 전치사 in의 목적어로 쓰임.

A false friend is worse than an open enemy.
거짓된 친구는 분명한 적보다도 더 나쁘다. -서양 속담-

false : (형) 옳지 않은, 그릇된 / worse : (형) 《bad의 비교급》 더 나쁜 / than : (접속사) …에 더하여.

A best friend is someone who loves you
when you forget to love yourself.
최고의 친구는 당신이 자신에 대한 사랑을 잊고 있을 때 당신을 사랑해 주는 사람이다.
-서양 속담-

yourself : (대명사)《동사의 목적어 또는 전치사 뒤에 쓰여》 너[당신] 자신을[에게]

He who never makes any enemies,
never makes any friends.
적이 없는 자는 친구도 없다. -서양 속담-

never : (부) 전혀… 않다. / any : (대명사)《부정문·의문문 등에서만 써서》얼마간, 아무것도, 조금도

We secure our friends not by accepting favors
but by doing them.
친구를 얻는 방법은 친구에게 부탁을 들어달라고 하는 것이 아니라
내가 부탁을 들어주는 것이다. -투키디데스-

secure : (동) (노력의 결과로) 얻다, 안전하게 하다. / favor : (명) 부탁

영어비빔밥

✚ HELP YOURSELF

CHAPTER 11

EFFORT

If I only had an hour to chop down a tree, I would spend the first 45 minutes sharpening my axe.

나무 베는데 한 시간이 주어진다면,
도끼를 가는데 45분을 쓰겠다.

세상에서 제일 현명한 사람은 만난사람 모두에게서
무언가라도 배울 수 있는 사람이랍니다.
오늘은 누구를 만나 무엇을 배웠는지
메모해 두시지요.

GENIUS IS ONE PERCENT INSPIRATION, NINETY-NINE PERCENT PERSPIRATION.

천재는 1%의 영감과 99%의 땀이다.

―에디슨―

A : Wipe your sweat. Here's a towel.
B : Thank you. But I think I'd better take a shower though.
A : 땀 좀 닦으세요. 여기 수건.
B : 고마워요. 차라리 샤워를 하는 게 좋겠어요.

Checking Grammar 형용사 one, ninety-nine

주로 명사 앞에 쓰여 명사를 수식하는 형용사에는
수량을 나타내는 형용사 (수사_기수와 서수)가 있습니다.

기수(하나, 둘, 셋 …)는
one, two, three, four, five, six, seven, eight, nine, ten, eleven, twelve, thirteen, fourteen, fifteen, sixteen, seventeen, eighteen, nineteen, twenty (20), twenty-one (21), twenty-four (24) … thirty (30), forty (40), fifty (50), sixty (60), seventy (70), eighty (80), ninety (90), one hundred (100), one thousand (1000)처럼 숫자를 나타내며 21부터 99까지는 십 단위와 일 단위 사이에 하이픈(-)을 넣고, teen이 들어가는 것은 발음을 좀 길게 해 줍니다.

서수(첫 번째, 두 번째, 세 번째 …)는
first (1st), second (2nd), third (3rd), fourth (4th), fifth (5th), sixth (6th), seventh (7th), eighth (8th), ninth (9th), tenth (10th), eleventh (11th), twelfth (12th), thirteenth (13th), fourteenth (14th), fifteenth (15th), sixteenth (16th), seventeenth (17th), eighteenth (18th), nineteenth (19th), twentieth (20th), twenty-first (21st), twenty-second (22nd), twenty-third (23rd), twenty-fourth (24th) … thirtieth (30th), fortieth (40th), fiftieth (50th), sixtieth (60th), seventieth (70th), eightieth (80th), ninetieth (90), one hundredth (100th), one thousandth (1000th)처럼 순서를 나타냅니다.

매일 아침, 영어로 1부터 20까지 두 번만 할 수 있는 한 최대한 빠르게 반복해서 세어 보세요.
혀에 버터를 바른 듯 영어 발음이 무척 좋아집니다. 정말입니다.^^

1) 연도를 읽을 때
: 두 자리씩 끊어서 읽습니다. 1998년은 nineteen ninety-eight.
2) 날짜를 읽을 때
: 9월 10일 이면 September tenth이라고 하거나 tenth of September라 읽습니다.
3) 전화번호를 말할 때
: 333-5055 three three three five zero five five. 또는 triple three five zero double five.
4) 시간을 말할 때
: 8시 15분은 Eight fifteen, Fifteen past eight, Quarter past eight 등 3가지가 있습니다.

genius : (명) 천재
inspiration : (명) 영감
perspiration : (명) also sweat, 땀

승리의 여신은
노력을 사랑한답니다.
승리의 여신에게 밉보이면
꿈은 산산조각 납니다.

Take it too far, and it's cowardice.

인내에도 어느 정도가 있다.
너무 오래 참으면 그건 비겁함이다.

-조지 잭슨-

A : I think I'm a coward.
B : Anyone would have done the same in that situation. Don't blame yourself.

A : 저는 겁장이 인가봐요.
B : 누구라도 그 상황이면 그랬을 거에요. 자책하지 말아요.

Checking Grammar 대명사 its, it, it's

명사 대신에 쓰이는 말-대명사에는 사람 또는 사물을 가리키는 인칭대명사 (I, you, he, she, it, they …)와 이것, 저것, 이것들, 저것들처럼 지시하며 가리키는 지시대명사 (this, that, these, those), 따로 정해지지 않은 것을 가리키는 부정대명사 (one, some, any, other, another, all, each, every, both, either, neither)가 있습니다.

대명사 it는 인칭대명사로 문장에서 주어, 목적어로 사용됩니다.
it는 주격 (it), 목적격 (it)의 형태가 같고, 소유격은 its입니다.
(it's는 it is 또는 it has의 단축형)

〈 it의 쓰임 〉

1) (이미 언급한 것) 그것
Whose bag is this? It's mine.
이 가방은 누구 것입니까? 그것은 내꺼야. (주어로)

Where's my hat? Your brother took it.
내 모자 어디 있어? 네 동생이 가져갔어. (목적어로)

2) 그[제]사람
Who's that? It's your neighbor!
누구십니까? 옆집 사람입니다!

3) 비인칭 주어 (날씨, 시간, 거리)
It's snowing.
눈이 온다.

It's Monday.
월요일이다.

4) 가주어로 쓰일 때
It seems that she doesn't understand the question.
그녀가 그 문제를 이해하지 못하는 것 같다.

patience : (명) 인내심 (불가산 명사로 단수 동사와 함께 한다)
its : it 의 소유격
limit : (명) 경계선, 한계[극한]점
too : (부) 필요이상으로, 너무
cowardice : (명) 비겁

일근천하무난사―勤天下無難事
부지런하면 천하에 어려움이 없다.

The strongest of all warriors are these two, Time and Patience.

모든 전사 중 가장 강한 전사는 이 두 가지,
시간과 인내다.
―레프 톨스토이―

A : Sorry to have kept you waiting. Next time I'll...
B : This is your last chance. Being on time should be the most basic. BASIC!!
A : 오래 기다리셨죠. 미안해요. 다음부터는…
B : 이번이 마지막이에요. 시간(약속)을 지키는 건 기본이에요. 기본!!

Checking Grammar 비교 The strongest

셋 이상의 것을 비교한 최상급은 '…중에서 가장 ~하다'란 뜻으로
the로 시작하는 최상급은 전체 그룹의 한 부분을 남은 모두와 비교하는 것입니다.

1) 최상급을 만드는 기본 형태 : 보통은 형용사나 부사 뒤에 -(e)st를 붙여 '가장 ~하다.'
Bill Gates is the richest man of all.
빌 게이츠는 모든 사람 중에서 가장 부자다.

2) '자음 + y'로 끝나는 말은 y를 i로 고치고 -est을 붙입니다.
What's the easiest way to get to the hospital?
병원까지 가장 쉽게 갈 수 있는 방법이 무엇입니까?

3) '단모음 + 자음'으로 끝나는 것은 원급의 어미에 자음을 한 번 더 쓰고 난 후에 -est를 붙입니다.
This is the biggest building in Seoul.
이것이 서울에서 가장 큰 빌딩이다.

4) 단어 끝이 -ful, -able, -less, -ous 으로 끝나거나, 3음절 이상의 단어는 most를 붙입니다.
It is the most interesting movie I've ever seen.
그것이 내가 여태껏 본 것 중에 가장 흥미로운 영화 입니다.

5) 최상급의 모양이 비교급, 원급과 완전 다르게 변하는 것도 있습니다. (비교급의 불규칙한 변화)
Simple is the best.
단순한 것이 최고입니다.

6) Which(Who) is the + 최상급 …? : 어느 것이(누가) 가장 ~합니까?
Which is the most delicious food in this restaurant?
이 레스토랑에서 어느 것이 가장 맛있는 음식입니까?

7) 최상급의 기본 형태는 : the + 최상급 + of + 복수
He is the oldest man of all.
그는 모든 사람 중에서 가장 나이가 많다.

*of + 복수 :
of all (모두 중에서), of all the girls (그 소녀들 전부 중에서)

strongest : strong 최상급
warrior : (명) 병사, 전사
patience : (명) 인내심

어중간하게 하는 일이 있다면 하지 마세요.
해봤자 결과도 뻔할 테니까요.

A : Don't rush it. You can still finish it on time even if you slowed down a bit.
B : I have to finish it quickly because I've got another appointment.
A : 서두르지 말아요. 조금 천천히 하더라도 제 시간에 끝낼 수 있어요.
B : 또 다른 약속이 있어서 서둘러서 마쳐야 해요.

Patience accomplishes its object,
while hurry speeds to its ruin.

인내는 목적을 달성시키지만 조급함은 파멸을 재촉한다.
-사디-

Checking Grammar 접속사 while

접속사에는
단어와 단어, 구와 구, 절과 절을 이어 주는 등위접속사 (and, but, or, so …)와
서로 짝이 되는 상관접속사 (not A but B, either A or B, not only A but (also) B, both A and B),
부사절을 이끄는 종속접속사 (when, while, since, until, till, after, before, as soon as,…)가 있습니다.

〈 종속접속사 while 〉

1) …하는 동안에
He came while I was eating dinner.
내가 저녁식사를 하고 있는 동안에 그가 왔다.

2) …인데도, …임에 비하여[반하여]
Their country has plenty of mineral, while ours has none.
그들의 나라는 광물이 많은데 반하여, 우리나라에는 전혀 없다.

He is generous, while he is poor.
그는 가난하기는 하나 인심이 좋다.

She wants an apartment, while her husband would rather live in a house.
그녀는 아파트를 원하지만, 그녀의 남편은 오히려 단독주택에서 살까 한다.

*while이 이끄는 부사절은 주절과 반대되는 의미를 나타내며
주절 앞에 쓰이던, 뒤에 쓰이던 항상 comma(,)를 한다.

patience : (명) 참을성, 인내력
accomplish : (동) (성공적으로) 이룩하다, 해내다.
its : it의 소유격
object : (명) 물체, 목적, 목표
hurry : (명) 서두름
speed : (동) 질주하다, 빠르게 나아가다.
ruin : (명) 파괴, 파멸
while : (접속사) …인데도, …임에 비하여, while앞에 comma(,)를 한다.

게으름뱅이가
행복하게 사는 것을
보셨나요?

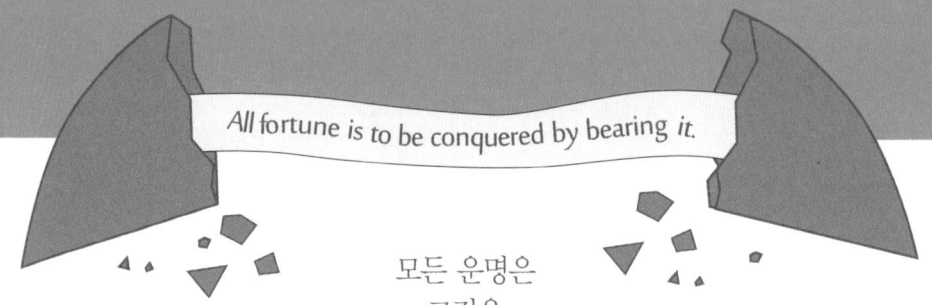

All fortune is to be conquered by bearing it.

모든 운명은
그것을
인내함으로써
극복해야 한다.

A : You made it through the crisis.
B : It's said that the closer you are to the summit, the harder it'll get.
A : 마지막 고비를 넘겼습니다.
B : 정상이 가까울수록 언제나 더 힘든 법이죠.

Checking Grammar 조동사 is to

"조동사는 동사를 도와준다."
"조동사 뒤에는 반드시 동사원형이 쓴다."

〈 be 동사 다음에 to부정사가 오면 〉

1) 일어날 일을 나타냄

You are not to smoke in this building.
당신은 이 건물 안에서 담배를 피워서는 안 됩니다.

All students are to be in classroom before the class begins.
모든 학생들은 수업이 시작하기 전에 교실에 있어야 한다.

2) 미래의 예정을 나타냄

We are to move next week.
우리는 다음 주에 이사할 것이다.

They are to be married next month.
그들은 다음 달에 결혼할 것이다.

3) 장래에 일어날 가능성이 있는 가정을 나타냄

If I were to go your home what would you say?
만약 내가 당신의 집에 간다면 당신은 뭐라고 말할까요?

fortune : (명) 운, 행운
be to : (조동사) [+동사의 원형] 《반드시 일어날 일을 나타냄; 기대》
all : 불가산 명사와 함께 쓰일 때는 단수로 취급한다.
conquer : (동) 정복하다, 이기다, (장애·어려움) 극복하다.
bear : (동) (불평하지 않고) 견디다, 참다.

일을 변화시키는 건 당신이지
시간이 해결해 준다는 것은
거짓말 같습니다.

THERE IS NO SUCCESS WITHOUT HARDSHIP.

고난 없는 성공은 없다.
-서양 속담-

A : Painful things all have their causes.
B : Are you talking to me?
A : 고통도 다 뜻이 있겠지요.
B : 지금 저 한테 말씀하시는 겁니까?

Checking Grammar 전치사 without

다른 단어를 연결시켜 주기 위해 명사·대명사와 함께 사용되는 전치사

〈 without 〉

1) …없이(는), …을 갖지 않고
I couldn't have done it without your help.
너의 도움이 없었으면 나는 그것을 하지 못 할 뻔 했다.

He lifted the heavy box without effort.
그는 힘들이지 않고 무거운 상자를 들어올렸다.

I can't go without you.
나는 너 없이는 갈 수 없다.

Sam hadn't gotten ready for the presentation, so he had to do it without preparation.
샘은 발표준비를 하지 않아서 즉흥적으로 발표를 해야만 했다.

2) 동사의 -ing형 앞에서 : …하지 않고
He ate an apple without washing it.
그는 사과를 닦지 않고 먹었다.

She left without telling me.
그녀는 내게 말하지 않고 떠났다.

no :《명사, 명사를 수식하는 형용사, 동명사, 비교급 앞에 쓴다.》조금도[전혀] … 않다.
success : (명) 성공
without : (전) … 없이[는]
hardship : (명) 고난, 곤궁

신에게 알랑방귀가 통한다면
그동안 성공했던 사람들은
다 뭐가 되겠습니까?

God doesn't require us to succeed;
he only requires that you try.

신은 우리가 성공할 것을 요구하지 않는다.
우리가 노력할 것을 요구할 뿐이다.
―마더 테레사―

A : First thing is 'effort'. Second is also 'effort', and the third is 'effort' as well.
B : Please, stop. I've heard it so many times my ears are starting to hurt.
A : 첫째도 노력, 둘째도 노력, 셋째도 노력.
B : 이젠 그만 좀 하세요. 너무 많이 들어 귀가 아플 정도에요.

Checking Grammar 동사 require, requires

동사에는 움직임을 나타내는 '일반 동사'와
상태를 나타내는 'be동사'가 있습니다.
동사는 모두 앞의 주어에 영향을 받는데,
주어에 따라 뒤에 -s, -es를 붙입니다.

3인칭 주어 뒤에 오는 동사의 어미의 변화

1) 대부분의 동사에는 -s 만 붙인다.
2) s, sh, ch, o, x로 끝나는 동사에는 -es를 붙인다.
3) 자음 + y로 끝나는 동사는 y를 i로 고치고 -es를 붙인다.
I, You, We, They + like/ do/ wash + ~.
He, She, It +likes/ does/ washes + ~.

일반 동사의 부정

1) I, You, We, They + do not + 동사의 원형
2) He, She, It + does not + 동사의 원형
I do not like + ~.
He does not like + ~.

일반 동사의 의문문

1) Do + (I, you, we, they) + 동사의 원형 + ~?
2) Does + (he, she, It) + 동사의 원형 + ~?
Do I like + ~?
Does he like + ~?

require : (동) [+that] 요구[요청]하다.
succeed : (동) 성공[성취]하다.
only : (부) 단지, …만, …뿐

명예롭지 않은 성공은
실패보다 좋을 게 없습니다.

To become an able and successful man in any profession, three things are necessary, nature, study and practice

어떤 분야에서든
유능해지고 성공하기 위해선
세 가지가 필요하다.
타고난 천성과 공부
그리고 부단한 노력이 그것이다.
-헨리 워드 비처-

A : Do you think that people's personalities change?
B : Yes. I think that your acquired ones change, but not the ones you are born with.
A : 사람의 성격이 변한다고 생각하세요?
B : 예. 후천적 성격은 변하지만 천성은 바뀌지 않는다고 생각합니다.

Checking Grammar to부정사 To become

to부정사는 문장에서
명사처럼, 형용사처럼, 부사처럼 쓰입니다.

부사처럼 쓰일 때는
문장에서 동사, 형용사, 부사를 꾸며주는데,
to부정사는 부사처럼 쓰이는 경우가 가장 많습니다.

1) 목적 : ~하기 위하여
He went out to meet his mother.
그는 어머니를 만나기 위해 외출했다.
I want a pair of scissors to cut my hair.
나는 머리를 자르기 위해 가위가 필요하다.

2) 원인 : ~해서
주로 glad, sorry, happy 등의 뒤에 온다.
I'll be glad to help you paint the wall.
벽을 칠하는 것을 기꺼이 도와주고 싶습니다.
I was sorry to hear your sad news.
너에 관한 슬픈 소식을 듣고 가슴 아팠다.

3) 결과 : ~해서 (그 결과) ··· 하다.
Her son grew up to be a lawyer.
그녀의 아들은 자라서 변호사가 되었다.

able : (형) 유능한, 재능 있는
successful : (형) 성공한, 출세한
profession : (명) 직업
nature : (명) 자연, 천성, 본성
practice : (명) 연습, 훈련

하루를 유익하게 보내면
하루의 보물을 파낸 것입니다.
어느 누구도
그 보물을 훔쳐가지 못할 것입니다.

NOTHING CAN BE ACCOMPLISHED WITHOUT EFFORT.

아무 노력 없이 저절로 이루어지는 것은 없다.
-서양 속담-

A : Did you accomplish your goal for today?
B : Yes. I think I'll be able to finish things as planned.
A : 오늘의 목표를 달성하셨습니까?
B : 예, 예정대로 거의 끝내 갑니다.

Checking Grammar 수동태 be accomplished

수동태는 'be동사 + 과거분사(p.p)'
능동태의 목적어가 수동태 문장에서는 주어가 되며
수동태 문장의 해석은 보통 '(주어가) ~당하다, ~되다.'가 됩니다.
능동태 문장을 수동태로 바꾸는 방법은

1) 능동태의 목적어를 수동태의 주어로

2) 동사는 수동태의 기본형인 'be동사 + 과거분사'로
[이때 be 동사는 수동태의 주어(인칭과 단수, 복수)에 따라서 바뀌고
시제는 능동태의 시제와 같게 합니다.]

3) 능동태의 주어를 수동태 문장 맨 뒤에 'by + 목적격'으로 바꿉니다!!

I mail a letter every day.
나는 편지를 매일 부친다. (현재)

A letter is mailed every day by me.
편지는 매일 나에 의해 부쳐진다. (수동_3인칭 단수)

She mailed these letters.
그녀가 이 편지들을 부쳤다. (과거)

These letters were mailed by her.
이 편지들은 그녀에 의해 부쳐졌다. (과거_3인칭 복수)

수동태의 현재 : am (are, is) + 과거분사
수동태의 과거 : was (were) + 과거분사
조동사가 있을 때의 수동태 : 조동사 + be + 과거분사

This letter will be mailed tomorrow.
이 편지는 내일 부쳐질 거다.

nothing : (대명사) 아무것도 … 아니다.
can : (조동사) [+동사의 원형] …할 수 있다. …할 줄 알다.
accomplish : (동) (성공적으로) 이룩하다, 해내다.
without : (전) … 없이[는]
effort : (명) 노력, 수고

세상에는 단 두가지의 법칙만이 존재한다.
첫째, 절대로 포기하지 말 것.
둘째, 첫번째 법칙을 절대로 잊지 말 것."
-듀크 엘링턴-

If I only had an hour to chop down a tree,
I would spend the first 45 minutes sharpening my axe.

나무 베는데 한 시간이 주어진다면,
도끼를 가는데 45분을 쓰겠다.
-에이브러햄 링컨-

A : Wow, congratulations. You finally did it!
B : Yes, I did. I think I deserve to be congratulated.
A : 와우~, 축하해요. 드디어 해내셨군요!
B : 예, 저는 해냈습니다. 축하받을 자격이 있습니다.

Checking Grammar 가정법 If

가정법에는
가정법 현재, 가정법 과거,
가정법 미래, 가정법 과거완료와
가정으로 쓰는 고정된 표현 (I wish, as if 있는 문장)이 있습니다.

가정법 과거란
현재의 사실과 반대되는 상황을 가정하는 것입니다.

〈 가정법 과거 〉

If + 주어 + 동사의 과거형, 주어 + should (would, could, might) + 동사원형

If I were you, I would go there with him.
내가 너라면, 나는 그와 함께 거기에 갔을 거다.

If it was cheap, I would buy one more.
그것이 값이 싸면, 하나 더 살 수 있었을 텐데.

If my hair was long, I could braid it.
내 머리가 길었다면, 내 머리를 땋았을 텐데.

If I had a dog, I would go for walk with it every day.
나에게 개가 있었다면, 매일 개와 함께 산책을 갔을 텐데.

if : (접속사) … 이라면, 만일 … 이면
only : (부) 단지, …만 (관련어구 앞에 놓을 것)
chop : (동) 계속 쳐서[찍어] 자르다.
would : (조동사) [+동사의 원형] 《will의 과거로 쓰여》
spend : (동) (시간을) (…하여) 지내다, 보내다.
sharpen : (동) 날카롭게 하다.
ax also axe : (명) 도끼

Word Word Word

-서양 속담-

Think today and Speak tomorrow.

You may regret your silence once, but you will regret your words often.

침묵한 것에 대해선 한 번쯤 후회할 수 있지만,
자신이 말한 것에 대해서는 자주 후회할 것이다. -이안 가비롤-

may : (조동사) [+동사의 원형] 《추측·가능성을 나타내어》 …이겠지, …일지도 모른다.
regret : (동) (슬픈 사실·사건에 대해) 애석해 하다, 후회하다. regret-regretted-regretted
silence : (명) 정적, 무언, 침묵 / **once** : (부) 단 한번, 1회
will : (조동사) [+동사의 원형] 《미래를 나타내는 데 사용하여》

A word in earnest is as good as a speech.

진실한 한 마디 말은 웅변과 같은 가치가 있다. -서양 속담-

earnest : (명) 진지함 / **as … as** : 《비교에 쓰여》 … 만큼, … 정도로 / **speech** : (명) 연설, 말하기

Silence is more musical than any song.

침묵은 그 어떤 노래보다 더 음악적이다. -펄 벅-

silence : (명) 정적, 무언, 침묵 / **more** : (부) 《many, much의 비교급》 더 (많이, 크게)
musical : (형) 음악의, 음악적인 / **than** : (접속사) …보다(는), …에 더하여.

Be a good listener.
Your ears will never get you in trouble.

남의 말을 경청하라. 귀가 화근이 되는 경우는 없다. -프랭크 타이거-

listen : (동) 경청하다, 귀를 기울이다. / **never** : (부) 전혀… 않다, 결코 (…하지) 않다.
trouble : (명) 어려움, 걱정, 위험 / **in trouble** : 위험에 처한

Never do anything when you are in a temper, for you will do everything wrong.

화났을 때는 아무 일도 하지 말라. 하는 일마다 잘 못 될 것이다. -발타사르 그라시안-

never : (부) 전혀… 않다, 결코 (…하지) 않다. 일반 동사 앞에 온다.
anything : (대명사) 《부정·의문문 등에만 써서》 아무것도, 무엇인가
temper : (명) 기질, (일시적인) 기분, 짜증 / **be in a temper** : 짜증이 나 있다.
for : (접속사) 《문장의 주부 뒤에 써서》 그리고 그 이유는 … 이다. for 앞에 comma(,)를 한다.

The character of a man is known from his conversations.

그 사람의 인격은 그가 나누는 대화를 통해 알 수 있다. -메난드로스-

character : (명) 특성, 인격 / **conversation** : (명) 대화 / **know** : (동) know-knew-known

I have often regretted my speech, never my silence.

내가 한 말에 대해서는 종종 후회하지만 침묵한 것을 후회한 적은 없다.
-퍼블릴리어스 사이러스-

have regretted(현재완료형) : 과거의 어느 시점에서 시작해서 지금까지 … 했다.
regret : (동) (슬픈 사실·사건에 대해) 애석해 하다, 후회하다.
regret-regretted-regretted (2음절이고, 뒤에 강세가 있어서 과거형, -ing형으로 바뀔 때 -tt 가 된다.)
often : (부) 종종, 자주 / **speech** : (명) 연설, 말하기 / **silence** : (명) 정적, 무언, 침묵

Speak when you are angry and you will make the best speech you'll ever regret.

화가 날 때는 말을 하라. 당신은 두고두고 후회할 최고의 연설을 하게 될 것이다.
-로렌스 J. 피터-

when : (접속사) …인[할] 때에 / **will** : (조동사) [+동사원형] 《미래를 나타내는 데 사용하여》
speech : (명) 연설, 말하기

말하는 것은 지식의 영역이며
경청은 지혜의 특권이다
―올리버 웬델 홈스―

It is the province of knowledge to speak and it is the privilege of wisdom to listen.

it : (대명사) 《형식주어로 뒤에 따르는 진주어를 받는 데 써서》
province : (명) (사상·지식·학문의) 분야 / **knowledge** : (명) 지식, 학식 / **privilege** : (명) 특권
wisdom : (명) 현명함, 지혜로움 / **listen** : (동) 경청하다, 귀를 기울이다

만약 당신의 아들딸에게
단 하나의 재능만을 줄 수 있다면

-브루스 바튼-

If you can give your son or daughter only one gift, let it be enthusiasm.

if : (접속사) … 이라면, 만일 … 이면
give : (동) (… 을) (…에게) 주다.
enthusiasm : (명) (…에 대한) 열중, 열광

It matters not how long we live, but how.

얼마나 오래 사느냐가 아니라 어떻게 사느냐가 문제이다. -서양 속담-

it : 《형식주어로 뒤에 따르는 진 주어를 받는 데 써서》 / matter : (동) 중요하다.
how long : length of time / how : (부) 어떤 방법(방식), 어떻게
but : (접속사) 그 대신에, (…이) 아니고 not one, but two! (하나가 아니라 둘이야!)

You don't have to die in order to make a living.

먹고 살기 위해 죽을 것까진 없잖아. -린 존스턴-

have to also have got to : [+동사의 원형] (조동사) 《must와 같이 필요를 나타냄》 …해야 한다.
부정어 : do not have to / in order to : …하기위해, …할 목적으로
living : (명) 생계, 생활비, 생활수단 / to make a living : 생계를 꾸미다.

Concentration comes out of a combination of confidence and hunger.

집중력은 자신감과 갈망이 결합하여 생긴다. -아놀드 파머-

concentration : (명) 집중, 몰두 / out of : 안으로부터 / combination : (명) 결합
confidence : (명) 신뢰, 믿음 / hunger : (명) 굶주림, 기아

Great minds have purpose, others have wishes.

위대한 이들은 목적을 갖고 그 외의 사람들은 소원을 갖는다. -워싱턴 어빙-

mind : (명) 마음, 정신, 생각 / purpose : (명) 의도, 계획

Never bend your head. Hold it high. Look the world straight in the eye.

절대로 고개를 떨구지 말라. 고개를 치켜들고 세상을 똑바로 바라보라.

never : (부) 전혀 …않다. 결코(하지) 않다. / bend : (동) 굽다, 구부리다.

Ask not what your country can do for you; ask what you can do for your country.

국가가 당신을 위해 무엇을 할 수 있는지 묻지 말고
당신이 국가를 위해 무엇을 할 수 있는지 물어보라. -존 F. 케네디-

ask : (동) …을 (…에게) 묻다. 물어보다. 질문하다.
country : 1. 지방, 토지, 땅, 지역, 해역 2. 나라, 국가, 국토

Never spend your money before you have it.
돈이 수중에 들어오기 전까진 절대로 쓰지 마라. -토마스 제퍼슨-

never : (부) 전혀… 않다, 결코 (…하지) 않다.
spend : (동) (돈을) 쓰다, 지출하다.
before : (접속사) …보다 이전에

The more you chase money, the harder it is to catch it.
돈은 쫓을수록 손에 쥐기 힘들어진다. -마이크 테이텀-

chase : (동) (잡으려고) 쫓아가다, 추격하다. / catch : (동) 잡다.

가 되고싶으면 버는 것 뿐만 아니라
모으는 것도 생각하라.
-벤자민 프랭클린-

If you would be wealthy, think of saving as well as getting.

if : (접속사) … 라면, 만일 … 이면 / wealthy : (형) 부자의
save : (동) (후에 쓰기위해) 모으다 / as well as : … 에 더하여

It is a great thing to know the season for speech and the season for silence.

말해야 할 때와 침묵해야 할 때를 아는 것은 훌륭한 일이다. -세네카-

season : (명) 계절, 시기 / **speech** : (명) 연설, 말하기 / **silence** : (명) 정적, 무언, 침묵

If we take care of the moments, the years will take care of themselves.

순간들을 소중히 여기다 보면 긴 세월은 저절로 흘러간다. -마리아 에지워스-

if : (접속사) … 이라면, 만일 … 이면 / **take care of** : 책임지다, 돌보다.

Ants never bend their course to an empty granary.

개미들은 결코 텅 빈 창고를 향해 가지 않는다. -서양 속담-

never : (부) 전혀… 않다, 결코 (…하지) 않다. be 동사 뒤에 온다. / **bend** : (동) 굽다, 구부리다.
course : (명) 진행, 전진, 진로 / **granary** : (명) (밀의) 곡물 창고

Don't open a shop unless you know how to smile.

미소 짓는 법을 알기 전까지는 가게 문을 열지 마라. -유대인 속담-

unless : (접속사) …하지 않으면

The richest peach is the highest on the trees.

제일 잘 익은 복숭아는 제일 높은 가지에 달려있다. -제임스 휘트컴 리일라-

peach : (명) 복숭아 / **richest** : rich(형) 의 최상급. 단맛이 풍부한

The tree must be bent while it is young.

나무는 어릴 때, 휘어잡아 바로 세워야 한다. -서양 속담-

bend : (동) 굽다, 구부리다. / **while** : (접속사) …하는 동안에

When you've got nothing, you've got nothing to lose.

아무 것도 가진 게 없으면 잃을 것도 없다. -밥 딜런-

when : (접속사) …인(할) 때에 / **nothing** : (대명사) 아무것도… 아니다.

낡은 외투를 그냥입고 새 책을 사라
-오스틴 펠프스-

Wear the old coat and buy the new book.

wear : (동) … 을 입고 있다. 몸에 걸치고 있다. wear-wore-worn

**Think what you do when you run into debt;
you give another the power over your liberty.**

돈을 빌리러 가는 것은 자유를 팔러 가는 것이다. -벤자민 프랭클린-

think : (동) [+(that)] (…이라고) 믿다; 고려하다. / when : (접속사) …인(할)때에
debt : (명) 빚 / run into debt : 빚을 지다.

**Opportunities are never lost.
The other fellow takes those you miss.**

기회는 없어지지 않는다. 당신이 놓친 것을 다른 사람이 잡는다.

opportunity : (명) (…을 하는데) 적절한 시기, 기회 / never : (부) 전혀… 않다, 결코 (…하지) 않다. be 동사 뒤에 온다. / lose : (동) …을 잃다, …을 없애다. lose-lost-lost

I've been on a diet for two weeks and all I've lost is two weeks.
나는 2주 동안 다이어트를 했는데, 사라진 것은 그 2주라는 시간뿐이었다. -토티 필즈-

diet : (명) 식이요법 / **all** : (대명사) 모든 사람[것]

He who is not very strong in memory should not meddle with lying.
기억력이 좋지 않은 사람은 거짓말을 해선 안 된다. -미셸 드 몽테뉴-

who is not very strong in memory : he를 설명하는 형용사절
should : (조동사) [+동사의 원형]《충고를 나타내어》…하여야 한다.
meddle : (동) (자기와 관계없는 일에) 쓸데없이 참견[관여]하다, 간섭하다.
lie : (동) 거짓말하다, lie-lied-lied (lying)

He who multiplies riches multiplies cares.
부가 늘어나는 사람은 걱정도 늘어난다. -벤자민 프랭클린-

unless : (접속사) …하지 않으면

I don't want to be alone, I want to be left alone.
나는 외톨이가 되고 싶지는 않지만, 사람들이 나를 혼자 내버려뒀으면 좋겠다. -오드리 햅번-

alone : (부) 홀로, 단독으로 / **want** : (동) 목적어로 to부정사가 온다. / **leave / let alone** : 혼자 내버려두다.

Never grieve what you cannot help.
어쩔 수 없는 일에 대해 슬퍼하지 말라. -서양 속담-

never : (부) 전혀… 않다, 결코 (…하지) 않다. / **grieve** : (동) (특히 상실로) 슬퍼하다, 괴로워하다.

The world is like a mirror; frown at it, and it frowns at you. Smile and it smiles, too.
세상은 거울이다. 찌푸리면 거울도 찌푸리고, 웃으면 거울도 웃어준다. -허버트 새뮤얼-

like : (전) … 과 유사하여; …과 다름없이 / **frown** : (동) 눈살[이맛살] 을 찌푸리다.

스스로 운이 나쁘다고 생각하지 않는 한
나쁜 운이란 없다 -정주영-

**As long as you don't think
you are unlucky, there is no bad luck.**

as / so long as : (접속사)… 하는[인] 한 / luck : (명) 운, 재수 / unlucky : (형) 불행한, 불운한

**If you love something, let it go.
If it comes back to you, it's yours forever.
If it doesn't then it was never meant to be yours.**

만일 당신이 누군가를 사랑한다면, 가도록 놓아 주세요
만일 다시 당신에게 돌아온다면, 그것은 영원히 당신 거예요.
만일 돌아오지 않는다면, 그것은 결코 당신에게 속한 게 아니에요.

let : (동) …하는 대로 내버려두다[허락 하다].
then : (부) (if절과 함께 쓰여) 그렇다면, 그 경우에는
be meant to : …하기로 되어있다.

Strike to win. Strike only if success is certain; if it is not, then don't strike.

승리하려면 공격하라. 승리가 확실할 때만 공격하고 그렇지 않으면 공격하지 말라.
-서양 속담-

strike : (동)차다, 때리다. / if : (접속사) … 이라면, 만일 … 이면 / only : (부) 단지, …뿐
certain : (형) 확실한 / then : (부) (if절과 함께 쓰여) 그렇다면, 그 경우에는

I believe that every right implies a responsibility; every opportunity, an obligation; every possession, a duty.

모든 권리에는 책임이 따르고, 모든 기회에는 의무가 따르고,
모든 소유에는 책무가 따른다. 이것이 나의 신념이다. -존 D. 록펠러 주니어-

believe : (동) [+(that)] … 이라고 생각하다. / right : (명) 올바름, 권리
imply : (동) 함축(내포)하다, 암시하다. / responsibility : (명) (… 에 대한) 책임, 의무
obligation : (명) 의무, 책임 / possession : (명) 소유

As you grow older, you will discover that you have two hands. One for helping yourself, the other for helping others.

네가 좀 더 자라면 너는 두 개의 손을 가졌다는 것을 깨닫게 되겠지.
그 중 하나는 너 자신을 위한 것이고 다른 하나는 남을 돕기 위한 것이야.

as : (접속사) …하면서; 하고 있을 때 / discover : (동) [+that] 알아내다, 깨닫다.
that you have two hands : discover의 목적어로 쓰인 명사절
yourself : 너 자신을[에게] / the other : 둘 중에서 남은 하나를 가리킨다.

Health is not valued till sickness comes.

병에 걸리기 전까지는 건강이 얼마나 중요한지 모른다. -토마스 풀러-

value : (동) … 을 금전적으로 평가하다, …을 높이 평가하다.
till : (접속사) … (할 때) 까지, … 가 될 때 까지 / sickness : (명) 병, 질환

Risk comes from not knowing what you're doing.

위험은 자신이 무엇을 하는지 모르는 데서 온다. -워런 버핏-

risk : (명) 위험 / not : (부) 《단어·어구의 부정으로 써서》 …아니다.

공부가 인생의 전부는 아니다.

그러나 인생의 전부도 아닌
공부 하나도 정복하지 못한다면
무엇을 할 수 있겠는가?

Study is one but not the only component of your life, but if you cannot even overcome this single component, what can you overcome?

component : (명) (전체를 구성하는) 성분 / even : (부) …조차
overcome : (동) (…에 대항하여) 이기다, 물리치다.

Resolve to edge in a little everyday, if it is but a single sentence. If you gain fifteen minutes a day, it will make itself at the end of the year.

한 문장이라도 매일 조금씩 읽기를 결심하라.
하루 15분씩 시간을 내면 연말에는 변화가 느껴질 것이다. −호러스 맨−

resolve : (동) [+to-v / that] 결정[결심] 하다. / edge : (동) 조금씩 움직여 나아가다.
a little : 다소, 조금은 / itself : (대명사) 그 자체

Sow a thought, reap an action; Sow an action, reap a habit; Sow a habit, reap a character; Sow a character, reap a destiny.

우리가 생각의 씨앗을 뿌리면 행동의 열매를 얻게 되고
행동의 씨앗을 뿌리면 습관의 열매를 얻습니다.
습관의 씨앗은 성품을 얻게 하고, 성품은 우리의 운명을 결정 짓습니다.

sow : (동) (밭에) 〈씨를〉 심다, 뿌리다. / reap : (동) (작물을) 수확하다.
character : (명) 특성, 인격 / destiny : (명) 운명.

It takes a minute to have a crush on someone, an hour to like someone and a day to fall in love with someone but it takes a lifetime to really forget someone you have grown to love.

누군가에게 홀딱 반하는 것은 1분이 걸리고, 누군가를 좋아하게 되는 것은 1시간이 걸리며,
누군가와 사랑하게 되는 것은 하루가 걸리지만 사랑하게 된 누군가를 잊는 다는 건
일평생이 걸리지요.

It takes : 시간의 길이를 나타냄. 《It takes + (someone) + 시간 + to부정사》 / take : (동) 필요로 하다, 요구하다. / crush : (명) [+on] (남에 대한) 맹목적이며 일시적인 열중[열애]
to fall in love (with) : 사랑에 빠지다.

Making money is art and working is art and good business is the best art of all.

돈을 버는 것은 예술이고, 일하는 것도 예술이며,
훌륭한 사업이야말로 가장 뛰어난 예술이다. -앤디 워홀-

best : (형) 《good의 최상급》 가장 우수한, 최고의

A lie can travel halfway around the world while the truth is putting on its shoes.

진실이 신발을 신고 있는 동안에 거짓은 지구의 반을 갈 수 있다. -마크 트웨인-

lie : (명) 거짓말 / travel : (동) 여행하다, 가다. / halfway : (형)(부) 중간쯤에서(의)
while : (접속사) …하는 동안에 / put on : 〈옷 등을〉 착용하다.

Well known sayings
잘 알려진 명언들

I think, therefore I am.
나는 생각한다. 그러므로 나는 존재한다.

−데카르트−

therefore : (부) 그러므로, 그런 이유로
be : (동) 존재하다, 있다.

Well begun is half done.
시작이 반이다.

−아리스토텔레스−

well : (부) 좋게, 잘
done : (형) 다 끝난, 마친, 완성된
half : (명) 반, 50 퍼센트

Early birds catch the worms.
일찍 일어나는 새가 벌레를 잡는다.

−서양 속담−

early : (형) 이른, 빠른. (부) 일찍이, 일찍부터
catch : (동) ...을 잡다. 쥐다.
worm : (명) 벌레(지렁이, 회충 따위)

The word impossible is not in my dictionary.

내 사전에 불가능은 없다.

−나폴레옹−

impossible : (형) 불가능한

To be or not to be. That is the question.

죽느냐, 사느냐. 이것이 문제로다.

−윌리엄 셰익스피어−

to부정사의 부정 : not + to부정사

The dice is cast.

주사위는 던져졌다.

−줄리어스 시저−

cast : (동) 던지다. cast − cast − cast

Life is but an empty dream.

인생은 일장춘몽一場春夢이다.

−서양 속담−

empty : (형) 빈, 무의미한, 공허한

Better is to bow than break.

부러지는 것보다 굽는 것이 낫다.

bow : (동) 허리를 굽히다. 구부러지다.

Knowledge is power.
아는 것이 힘이다.
―프랜시스 베이컨―

knowledge : (명) 지식, 학식

United we stand, divided we fall.
뭉치면 서고, 흩어지면 쓰러진다.

united : (형) 합심한, 단결된 / **divide** : (동) 분할되다[하다], 갈라지다[가르다].

To go beyond is as wrong as to fall short.
지나침은 모자람만 못하다. (過猶不及_과유불급)
―공자―

beyond : (부) …의 저 편(너머)으로[에] / **as … as** : (접속사) 《비교에 쓰여》 (…과) 같게, …만큼
fall short : (바라던 결과·기준에) 못 미치다, 미달하다.

Isn't it great when friends visit from afar?
벗이 먼 곳에서 찾아오면 또한 즐겁지 아니한가?
(有朋自遠方來 不亦樂乎_유붕자원방래 불역락호)
―공자―

afar : (부) 멀리서

Patience is bitter, but its fruit is sweet.
인내는 쓰지만 그 열매는 달다.
―아리스토텔레스―

patience : (명) 참을성, 인내심 / **bitter** : (형) 쓴 맛이 나는 / **fruit** : (명) 열매, 과일

Stay Hungry. Stay Foolish.
계속 갈망하라. 여전히 우직하게.

−스티브 잡스−

stay : (동) 머무르다, (…인)채로 있다.

Where there is will, there is a way.
뜻이 있는 곳에 길이 있다.

will : (명) 의지, 의도

Woman is weak, but mother is strong.
여자는 약하지만 어머니는 강하다.

−서양 속담−

두 개의 독립 절을 but 으로 연결할 때, but 앞에 comma(,)를 한다.

Out of sight, out of mind.
눈에서 멀어지면, 마음에서도 멀어진다.

out of : …에서 떨어져서, …을 떠나서
sight : (명) 봄, 시력

Heaven helps those who help themselves.
하늘은 스스로 돕는 자를 돕는다.

heaven : (명) 천국, 하늘

A journey of a thousand miles begins with a single step.
천리 길도 한 걸음부터.
―프랜시스 베이컨―

journey : (명) 긴 여행 / **step** : (명) (발)걸음

Near neighbor is better than a distant cousin.
가까운 이웃이 먼 친척보다 낫다.
―서양 속담―

neighbor : (명) 이웃(사람) / **better** : (형) 《good의 비교급》 더 나은, 더 좋은
distant : (형) 먼, 멀리 떨어진

Don't cry over spilt milk.
이미 쏟은 우유는 울어도 소용없다.
―서양 속담―

over : (전) (…에) 관해서, 대하여 / **spill** : (동) (뜻밖에) 엎질러지다(엎지르다). spill-spilt-spilt

You reap what you sow.
뿌린 대로 거둔다.

reap : (동) (작물을) 베어들이다, 수확하다. / **sow** : (동) (밭에)〈씨를〉심다, 〈씨를〉뿌리다.

Easy come, easy go.
쉽게 온 것은 쉽게 나간다.

easy : 쉬운, 용이한 easy-easier-easiest

No Pains No Gains.
노력이 없으면 얻는 것도 없다.

no : 《명사, 명사를 수식하는 형용사, 동명사, 비교급 앞에 쓴다.》 조금도[전혀] …않다.
pains : (명) 수고, 노고, 고생 / **gain** : (명) 이익, 이득

Killing two birds with one stone.
일석이조_一石二鳥

killing : 동명사

A cornered stone meets the mason's chisel.
모난 돌이 정 맞는다.

−서양 속담−

mason also stonemason : (명) 석공, 석수
chisel : (명) 끌, 정

Seek, and you shall find;
knock, and it shall be opened.
구하라, 그러면 찾을 것이요, 두드려라, 그러면 열릴 것이다

−마태복음 7장 7절−

seek : (동) (…을) 찾다; (…을) 얻으려고 하다. seek-sought-sought

After the storm comes the calm.
비 온 뒤에 땅이 굳어진다.

calm : (명) 고요, 평온

Give me liberty or give me death.
자유가 아니면 죽음을 달라.

liberty : (명) 자유, 해방, 석방
or : (접속사) …이 아니면; 그렇지 않으면

Never leave that till tomorrow which you can do today.
오늘 할 수 있는 일을 내일로 미루지 마라.

never : (부) 전혀… 않다, 결코 (…하지) 않다. / **leave** : (동) 남겨두다, 그대로 두다.

Know yourself.
너 자신을 알라.

-소크라테스-

yourself : 너[당신]자신을[에게]

A rolling stone gathers no moss.
구르는 돌에는 이끼가 끼지 않는다.

roll : (동) 구르다. / **gather** : (동) 모으다, 얻다. / **moss** : (명) 이끼

One's utmost moves the heavens.
지성이면 감천

utmost : (명)(형) 극도(의), 최대한도(의)
to do one's utmost : 전력을 다하다, 최선을 다하다.

All is well that ends well.
끝이 좋아야 다 좋다.
─서양 속담─

well : (형) 적당한, 만족할 만한 / well : (부) 좋게, 잘
all is well : 만사가 순탄하다.

Better late than never.
늦어도 전혀 하지 않는 것보다는 낫다.

than : (접속사) 《비교급에 써서 차이를 나타냄》…보다(는), …에 더하여.
never : (부) 전혀… 않다, 결코 (…하지) 않다.

A history is always written by the winning side.
역사는 항상 승자의 편에서 쓰여 진다.
─서양 속담─

always : (부) 언제나

A bird in the hand is worth more than two in the bush.
손 안에 새 한 마리가 덤불 속의 두 마리 새보다 낫다.

worth : (전) …한 가치가[값어치]가 있는 / bush : (명) 관목

If winter comes, can spring be far behind?
겨울이 오면 봄도 멀지 않으리.
─퍼시 셸리─

if : (접속사) …이라면, 만일 … 이면
의문문 : Can + 주어 + 동사의 원형 + ? / behind : (전) …의 뒤쪽에, 뒷면에

No innovation!
혁신이 왜 필요하지요?

"혁신이나 개혁은〈희생〉을 필요로 하는 것입니다.
그리고 그것은 이미 늦은 것입니다.
매일 조금씩, 작은 것부터 바꿔 나가면
혁신이나 개혁 따위는 필요하지 않습니다."
-모그룹 명예회장님 인터뷰 중 필자가 배운 한 수-

Be a Creator!
크리에이터가 돼라!

크리에이터.
Head 냉철한 이성
Heart 따뜻한 감성
Hand 부드러운 손으로
세상을 놀라게 하는 사람.
-흔들의자-

Good Artists Copy; Great Artists Steal.
"유능한 예술가는 모방하고 위대한 예술가는 훔친다."

스티브 잡스가 생전에 자주 언급한 이말은
자기 자신을 '미술계의 왕'이라 부른 파블로 피카소의 명언입니다.
'새로움'을 만들되 '있는 것을 내 것'으로 소화해 만드는 것.
이 책을 보는 분이 〈창조적 모방가〉가 되길 바라며….
-책을 덮기 전, 마지막 한마디라도 더 드리고 싶은 심정에서-